# LANGENSCHEIDTS PRAKTISCHES LEHRBUCH FRANZÖSISCH

Schlüssel
zu den Übungen



LANGENSCHEIDT
BERLIN · MÜNCHEN · WIEN · ZÜRICH · NEW YORK

*Auflage: 14. 13. 12. | Letzte Zahlen*
*Jahr: 1990 89 | maßgeblich*


*Druck: Druckhaus Langenscheidt, Berlin-Schöneberg*
*Printed in Germany · ISBN 3-468-26156-X*

# 1

a) 1. le 2. les 3. La, le 4. Les, la 5. Les, l' 6. Le, la, la 7. les 8. Les, la 9. la 10. Le, l'

b)

| männlich | | weiblich | |
|---|---|---|---|
| l' hôtel (m) | = das Hotel | la chambre | = das Zimmer |
| le journal | = die Zeitung | la table | = der Tisch |
| le tiroir | = die Schublade | la lettre | = der Brief |
| le timbre | = die Briefmarke | la valise | = der Koffer |
| le coin | = die Ecke | | |
| les étalages (m) | = die Schaufenster (n) | | |

c) 1. Il est sur la table. 2. Elles sont sur la table. 3. Elles sont sur la table. 4. Elles sont sur la table. 5. Elle est sur la table. 6. Elle est sur la table. 7. Elles sont sur la table. 8. Il est sur la table. 9. Elle est sur la table. 10. Elles sont sur la table.

d) 1. Oui, il est à Paris. 2. Oui, ils sont à l'hôtel. 3. Oui, elles sont dans le Louvre. 4. Oui, ils sont en ville. 5. Oui, elle est dans la chambre. 6. Oui, elle est près de l'Arc de Triomphe. 7. Oui, ils sont à Paris.

e) 1. est 2. sont 3. est 4. est 5. sont 6. est

f) 1. e 2. ent 3. e 4. e 5. ent

g) 1. Monsieur Denier est à Paris. Il visite le Louvre. 2. Gérard regarde la lettre de Monsieur Leloir. 3. Où sont les timbres? Ils sont dans la serviette. 4. Où sont les cartes postales de Madame Denier? Elles sont dans le tiroir. 5. Les Denier sont en vacances. Ils sont à Paris. 6. Bonsoir, Marie-Louise. Où est papa? 7. La valise est dans le coin, là-bas. 8. Gérard regarde les étalages. 9. Les timbres sont dans la valise. 10. Madame Denier est en ville.

# 2

a) 1. Nous 2. Vous 3. Tu 4. vous 5. Je 6. Nous

b)

| | | | |
|---|---|---|---|
| habiter | = (be)wohnen | travailler | = arbeiten |
| visiter | = besuchen | préparer | = vorbereiten |
| regarder | = betrachten | arriver | = ankommen |
| entrer | = betreten | commencer | = beginnen |
| se rencontrer | = sich treffen | désirer | = wünschen |
| aller | = gehen | allumer | = anzünden |
| marcher | = gehen, marschieren | continuer | = fortsetzen |

c) 1. le 2. l' 3. le 4. Les 5. la

d) 1. un 2. une 3. un 4. des 5. un 6. un 7. une 8. une

e) 1. Oui, je vais avec Claudine. 2. Oui, je prépare le bac. 3. Oui, j'allume une cigarette. 4. Oui, je vais bien. 5. Oui, je travaille beaucoup. 6. Oui, j'habite toujours là-bas. 7. Oui, je vais au bureau. 8. Oui, je visite le Panthéon. 9. Oui, je regarde les étalages. 10. Oui, j'habite rue Catherine.

f) 1. Oui, je vais à l'école 2. Oui, je travaille déjà. 3. Oui, j'habite rue Racine. 4. Oui, je travaille chez Renault. 5. Oui, je vais bien. 6. Oui, j'entre dans le bureau. 7. Oui, je regarde une revue automobile. 8. Oui, je visite le Louvre. 9. Oui, j'habite un hôtel. 10. Oui, j'entre dans la chambre.

g) 1. ons 2. e 3. e 4. ez 5. e 6. ent 7. e 8. es 9. ez 10. ons

h) 1. allez 2. va 3. va 4. vont 5. vais 6. vas

i) 1. Nous rencontrons Yves devant l'école. 2. Eve va bien. 3. Je prépare mon bac(calauréat). 4. Bonjour Claudine, comment ça va? 5. Il habite rue Racine. 6. Eve arrive à l'école. 7. Vous désirez? — Des cigarettes. 8. Merci, Monsieur, au revoir. 9. Nous allons bien. 10. Tu entres déjà?

## 3

a) 1. C'est un foulard bleu. 2. Ce sont des gants rouges. 3. C'est un foulard élégant. 4. C'est une petite jupe. 5. C'est une robe élégante. 6. Ce sont des robes élégantes. 7. C'est un joli foulard. 8. C'est une bonne idée.

b) 1. C'est un foulard élégant. 2. Ce sont des gants élégants. 3. C'est une jupe élégante. 4. Ce sont des robes élégantes. 5. C'est un magasin de modes élégant. 6. Ce sont des jupes élégantes. 7. C'est une serviette élégante.

c) ces, ce, cette, ce, ce, ces, cette, cette, ce, ces, ces, cette, ce

d) 1. élégant. 2. élégants. 3. élégantes. 4. élégantes. 5. élégante. 6. élégants. 7. élégant. 8. élégant. 9. élégant. 10. élégante.

e) 1. sommes 2. suis 3. sont 4. est 5. sont 6. est 7. est 8. es 9. sont 10. est

f) 1. La robe est très belle. 2. La jupe rouge est élégante. 3. Regarde ce beau foulard. 4. Regardez la table. 5. Cet hôtel est beau. 6. Quittons le bistro. 7. Ces robes sont très élégantes. 8. Vous êtes sûr(e,s) que c'est un quarante? 9. Je voudrais essayer cette robe. 10. Gérard et Yves s'arrêtent devant l'Arc de Triomphe. 11. La robe est un peu large, je trouve. 12. C'est un quarante. C'est sûrement votre taille.

## 4

a) 1. C'est ta voiture? 2. C'est ton écharpe? 3. C'est ton canot pneumatique? 4. C'est ta valise? 5. Ce sont tes robes? 6. C'est ton foulard? 7. C'est ta femme? 8. Ce sont tes écharpes? 9. C'est ta jupe? 10. C'est ta jupe?

b) 1. Voilà votre jupe. 2. Voilà vos affaires de pêche. 3. Voilà vos valises. 4. Voilà votre carte d'identité. 5. Voilà votre réchaud. 6. Voilà votre écharpe. 7. Voilà vos maillots de bain. 8. Voilà votre robe. 9. Voilà vos timbres. 10. Voilà vos chiens.

c) 1. s, s 2. ses 3. s 4. — 5. e

d) 1. mon 2. vos 3. ta 4. ta 5. sa, son 6. ses 7. leur 8. nos 9. son 10. ton

e) 1. Je ne vais pas à lécole normale. 2. Tu ne vas pas bien? 3. Claudine ne travaille pas beaucoup. 4. Jacques n'entre pas dans l'école. 5. Nous n'allons pas bien. 6. Je n'habite pas rue Racine. 7. Les enfants ne préparent pas leurs affaires. 8. Christine ne passe pas la robe. 9. Les enfants ne sont pas nerveux. 10. Yves ne trouve pas son permis de conduire.

f) 1. Il s'appelle Jacques. 2. Monsieur Durand a une petite maison près de Paris. 3. Dominique prépare ses affaires. 4. J'ai un chat. 5. Les enfants, vous êtes prêts? 6. Les Durand rangent leurs valises dans la voiture. 7. Ils quittent la maison. 8. Voilà ta carte d'identité. 9. Nous avons trois petits enfants. 10. Philippe, tu as ta brosse à dents?

## 5

a) 1. Nous, nous n'écoutons pas avec attention. 2. Lui(, il) interrompt petit Buffalo. 3. Toi, tu as peur. 4. Eux(, ils) protestent. 5. Vous, vous êtes lâches. 6. Elles, elles sont mes cousines. 7. Elle, elle raconte tout à maman. 8. Moi, je vais attaquer ces visages pâles. 9. Toi, tu n'écoutes pas. 10. Nous, nous ne sommes pas rapporteurs.

b) 1. Oui, j'entends une voix. 2. Oui, j'écoute avec attention. 3. Oui, je ramasse des champignons. 4. Oui, je continue mon chemin. 5. Oui, j'interromps le garçon.

c) 1. ez 2. e 3. s 4.—5. ent 6. es 7.—8. ons 9. e 10. s

d) 1. Est-ce que vous entendez les garçons? 2. Est-ce que tu vas protester? 3. Est-ce que nous allons attaquer les visages pâles? 4. Est-ce qu'on entend parler quelqu'un? 5. Est-ce qu'elle répond? 6. Est-ce que Marguerite et Gérard écoutent avec attention? 7. Est-ce que Jacques remarque les garçons? 8. Est-ce que le chef répond à voix basse? 9. Est-ce que les trois Indiens regardent le garçon? 10. Est-ce qu'il raconte mes exploits à maman?

e) 1. Adjektiv; — oder -se 2. Adverb; doucement 3. Adverb; — 4. Adverb; lentement. 5. Adverb; — 6. Adverb; sûrement 7. Adverb; brusquement 8. Adverb; —

f) 1. Jacques n'entend rien. 2. (Est-ce que) nous jouons aux Indiens? 3. (Est-ce que) vous entendez aussi parler quelqu'un? 4. Marguerite va avec moi à Versailles. 5. Je remarque devant moi deux filles qui ramassent des champignons. 6. Le chef dit à voix basse: «(Moi,) je n'entends rien.» 7. Nous écoutons toujours avec attention. 8. (Est-ce qu')il est lâche? — Oui, il a peur. 9. Petit Buffalo n'est pas digne de son nom. 10. Il n'entend rien. Il est sourd. 11. Les trois Indiens regardent un garçon. 12. J'interromps maintenant le chef.

## 6

a) 1. Oui, je reçois chaque jour une lettre publicitaire. 2. Oui, je téléphone à Madame Duriez. 3. Oui, je jette un coup d'œil sur la lettre. 4. Oui, je finis le télex. 5. Oui, je rentre d'un voyage. 6. Oui, j'ai besoin de publicité. 7. Oui, je tape la lettre.

b) 1. Jacques a entendu une voix. 2. Monsieur Duriez a fini l'analyse de marché. 3. Mademoiselle Chassier est entrée dans le bureau. 4. J'ai fini la lettre. 5. Monsieur Levier a reçu une lettre. 6. Mille francs sont rentrés enfin.

7. Mademoiselle Chassier a été en train de faire la réponse. 8. Monsieur Duriez est arrivé à Paris. 9. Françoise a écouté. 10. Le voyage a été agréable.

c) 1. Je n'ai pas besoin de publicité. 2. La facture de Mercier n'est pas arrivée. 3. Philippe ne commence pas à taper. 4. Je n'ai pas reçu la lettre de Monsieur Durand. 5. Monsieur Garnier n'a pas fini l'analyse de marché. 6. Les deux mille francs ne sont pas rentrés. 7. Monsieur Levier ne jette pas un coup d'œil sur les papiers. 8. Madame Duriez n'a pas téléphoné à Monsieur Carnot. 9. Mademoiselle Durand n'a pas reçu le télex de Monsieur Garnier. 10. Monsieur Levier n'a pas fait bon voyage.

d) 1. Je vais recevoir une lettre de Madame Durand. 2. Monsieur Carnot va finir d'abord la réclamation. 3. La facture va arriver cet après-midi. 4. Nous allons entrer dans le bureau. 5. Les Durand vont finir l'analyse de marché. 6. Je vais répondre à l'offre de Monsieur Mercier. 7. Jacques va commencer la lettre.

e) entre, entrons, entrez; donne, donnons, donnez; finis, finissons, finissez; interromps, interrompons, interrompez; rentre, rentrons, rentrez; réponds, répondons, répondez; va, allons, allez; apporte, apportons, apportez; reçois, recevons, recevez; écoute, écoutons, écoutez.

f) 1. Monsieur Carnot jette un coup d'œil sur la lettre devant Christine. 2. Est-ce que Monsieur Yvain a fait bon voyage? 3. Vous avez déjà tapé la lettre? — Très bien. 4. Vous avez déjà fini l'affaire Richier? — Non, pas encore. 5. Il est deux heures. Nous allons maintenant téléphoner. 6. La lettre n'a apporté aucun résultat. 7. Nous avons besoin de publicité. 8. Quoi de neuf? 9. Je suis en train de faire la réponse. 10. Monsieur Durand est déjà arrivé. Sa femme est aussi arrivée. 11. Le voyage a été agréable. 12. La réclamation n'a rien apporté.

## 7

a) 1. La, de l' 2. à la 3. Le, aux 4. Les 5. les, des, au 6. les, de la 7. les, des 8. Le, les, du, l', de la 9. Le 10. les, des

b) 1. Non, c'est une offre des ouvriers. 2. Non, c'est une lettre de l'ouvrier. 3. Non, c'est un ordre du gérant. 4. Non, c'est l'intention des représentants du personnel. 5. Non, c'est un motif de la direction. 6. Non, ce sont les intentions des ouvriers.

c) 1. Non, on donne les cigarettes au patron. 2. Non, on donne l'ordre au représentant du personnel. 3. Non, on donne la facture aux ouvriers. 4. Non, on donne la lettre à la fille de Monsieur Durand. 5. Non, on donne la robe à la mère. 6. Non, on donne le papier à la secrétaire.

d) 1. Les lettres sont prises. 2. Les ouvriers sont représentés. 3. La réclamation est annoncée par téléphone. 4. La direction est surprise. 5. La lettre est finie. 6. Les revendications sont présentées au gérant. 7. L'objet de la grève est indiqué. 8. Une pièce de théâtre est improvisée. 9. La lettre est trouvée. 10. La lettre est tapée.

e) 1. bonne 2.—3. nerveuse 4. certaine 5. aucune 6.—7. moyenne 8. petite

f) 1. Il est arrivé avant-hier. 2. Le soir, les ouvriers improvisent une fête. 3. Le chef laisse les machines au repos. 4. La grève s'étend, la direction est surprise. 5. Vous n'allez jamais apprendre les motifs de la grève. 6. J'ignore votre intention, Monsieur Carnot. 7. Le voyage a été désagréable. 8. Avant-hier, j'ai été à mon poste. 9. Nous ignorons le motif de la grève. 10. Prenez une cigarette. 11. Je vais rentrer le soir. 12. Le gérant et la direction ont pris contact avec les ouvriers.

## 8

a) 1. Oui, je prends volontiers un peu de jambon. 2. Oui, je prends volontiers un peu d'huile. 3. Oui, je prends volontiers un peu de poivre. 4. Oui, je prends volontiers un peu de vin. 5. Oui, je prends volontiers un peu de salade. 6. Oui, je prends volontiers un peu de poisson. 7. Oui, je prends volontiers un peu de pain.

b) 1. Oui, je prends volontiers des sardines à l'huile. 2. Oui, je prends volontiers des haricots. 3. Oui, je prends volontiers des salades variées. 4. Oui, je prends volontiers des hors-d'œuvre. 5. Oui, je prends volontiers des fromages.

c) 1. du, le 2. de 3. les 4. de, de 5.—6. d' 7. de la 8.—9. d', de 10. la, les

d) 1. Le 2. Les (s nicht gebunden!) 3. l', le, le 4. Le 5. Le, la

e) Monsieur et Madame Martin entrent dans un restaurant. Ils prennent place et commandent: une truite, de la glace et du fromage. Comme boisson ils commandent une bouteille de vin. Le garçon apporte d'abord le vin et du pain, puis la truite, finalement le fromage et la glace. Pour finir, Monsieur Martin commande du café. Lui, il supporte le café. Madame Martin ne supporte pas le café. Tout a été excellent: le poisson, le beaujolais et aussi le café. Monsieur et Madame Martin quittent le restaurant. Ils sont satisfaits.

## 9

a) 1. Vous faites aussi des courses? 2. Vous achetez aussi de la farine? 3. Vous reprenez aussi halaine? 4. Vous dites aussi que c'est bon? 5. Vous allez aussi à Paris? 6. Vous appelez aussi Francine?

b) 1. Moi aussi, j'achète une maison. 2. Moi aussi, je demande à mon fils de travailler plus. 3. Moi aussi, je dis à mon mari que le budget est insuffisant. 4. Moi aussi, j'appelle le gérant. 5. Moi aussi, je fais un programme.

c) A: 1. Oui, je le prends. 2. Oui, je les fais. 3. Oui, je la fume. 4. Oui, je le demande. 5. Oui, je l'appelle. 6. Oui, je les appelle. 7. Oui, je l'achète.
B: 1. Non, je ne le prends pas. 2. Non, je ne les fais pas. 3. Non, je ne la fume pas. 4. Non, je ne le demande pas. 5. Non, je ne l'appelle pas. 6. Non, je ne les appelle pas. 7. Non, je ne l'achète pas.

d) A: 1. Oui, je lui dis que vous attendez. 2. Oui, je lui demande de me donner du sucre. 3. Oui, je lui donne les cent francs. 4. Oui, je lui dis que le budget est insuffisant. 5. Oui, je leur donne la viande.
B: 1. Non, je ne lui dis pas que vous attendez. 2. Non, je ne lui demande pas de me donner du sucre. 3. Non, je ne lui donne pas les cent francs. 4. Non, je ne lui dis pas que le budget est insuffisant. 5. Non, je ne leur donne pas la viande.

e) 1. Tu te demandes . . ., il se demande . . ., elle se demande . . ., nous nous demandons . . ., vous vous demandez . . ., ils se demandent . . ., elles se demandent . . . 2. Tu te dis . . ., il se dit . . ., elle se dit . . ., nous nous disons . . ., vous vous dites . . ., ils se disent . . ., elles se disent . . . 3. Tu te prépares bien, il se prépare bien, elle se prépare bien, nous nous préparons bien, vous vous préparez bien, ils se préparent bien, elles se préparent bien.

f) 1. Tant qu'on ne me demande pas, je ne réponds pas. 2. Est-ce que tu es prêt(e)? — Je suis prêt(e). — Moi aussi. — Toi aussi? 3. Est-ce que tu as le sucre? — Non, je l'ai oublié. 4. Je leur ai demandé de m'apporter du lait. 5. Les deux femmes longent les rayons. 6. J'ai un programme. — Lui (,il) n'a aucun programme. — Chacun son goût. 7. Le vin est bon marché ici. C'est une exception. 8. Ne vous en faites pas. Le budget est toujours insuffisant. 9. J'achète des fruits, des légumes, de la farine et du pain. 10. J'oublie toujours quelque chose. — Toi aussi?

## 10

**1.** a) l', le, le, la, l', le, le, la, le, la, l', le, le, la, la, le, la, le, le, l', la, le
Für die Bedeutung der Wörter siehe ggf. das Wörterverzeichnis.

b) une, une, une, une, une, un, une, une, une, un, une, un, un, un, une, une, une, une

c) de la, des, du, du, de la, du, de l', du, de l', de la, des, des, des

**2.** a) 1. Nous sommes aussi satisfait(e)s. 2. Nous achetons aussi une maison. 3. Nous prenons aussi l'argent. 4. Nous faisons aussi des courses. 5. Nous avons aussi de l'argent. 6. Nous disons cela aussi aux enfants. 7. Nous posons aussi la question à papa. 8. Nous appelons aussi Marguerite. 9. Nous finissons aussi la lettre. 10. Nous recevons aussi un coup de téléphone.

b) 1. Je téléphone à Jacques. 2. Le voyage est agréable. 3. Nous ne téléphonons pas à Monsieur Denieur. 4. Ma mère arrive. 5. L'argent rentre. 6. Nous faisons un voyage agréable. 7. J'invite des amis. 8. Jacques ne répond pas à maman. 9. Mireille et Francine entrent dans le supermarché. 10. La direction ne reçoit aucune revendication.

c) 1. Mon père a répondu à cette femme. 2. Mireille est entrée dans le bistro. 3. Madame Denier a fait des courses. 4. Monsieur Durand a fini la lettre. 5. J'ai reçu un coup de téléphone. 6. Les ouvriers sont arrivés. 7. Les grévistes ont laissé les machines au repos. 8. J'ai présenté une revendiaction. 9. Le garçon a apporté un litre d'eau minérale. 10. Madame Martin a demandé à son mari d'augmenter le budget.

**3.** a) 1. C'est une voiture bleue. 2. C'est une bonne idée. 3. C'est une jupe élégante. 4. C'est un petit panier. 5. C'est une jolie maison. 6. C'est une grande table. 7. C'est un beau foulard. 8. C'est un Indien nerveux. 9. C'est un hors-d'œuvre exquis. 10. C'est un grand supermarché.

b) A: bonne, parisienne, jolie, élégante, faite, certaine, grande, exquise, bleue, excellente, dite, allée, belle, rouge

**4.** a) 1. Mireille va entrer dans le supermarché. 2. Je ne vais pas répondre à Monsieur Martin. 3. Les ouvriers vont arriver à l'usine. 4. Est-ce que vous allez faire des courses? 5. Mademoiselle Durand, vous allez finir d'abord la lettre? 6. On va attaquer les visages pâles. 7. Nous allons demander aux ouvriers de présenter les revendications. 8. Monsieur Martin va appeler le garçon. 9. Est-ce que tu vas acheter les olives? 10. Le garçon va apporter les hors-d'œuvre.

b) 1. Oui, prenez la valise. 2. Oui, allez au bistro. 3. Oui, appelez le garçon. 4. Oui, interrompez Monsieur Denier. 5. Oui, donnez le journal à Jacques. 6. Oui, faites les courses. 7. Oui, achetez la maison. 8. Oui, tapez la lettre. 9. Oui, posez la question au patron. 10. Oui, attendez devant le supermarché.

c) 1. L'argent de poche n'est pas insuffisant. 2. Je n'ai pas oublié le sel. 3. Je ne présente pas la revendication aux directeurs. 4. Est-ce que vous n'avez pas trouvé le foulard? 5. Est-ce que Madame Martin n'assaisonne pas la salade? 6. Tu n'as pas entendu la voix? 7. Le gérant ne présente pas la revendication. 8. Est-ce que la voiture n'est pas arrivée? 9. Je n'ai pas trouvé la maison. 10. Jacques ne va pas finir la réponse.

**5.** a) 1. Oui, je l'ai fini. 2. Oui, je lui ai demandé. 3. Oui, je l'aime. 4. Oui, je lui réponds. 5. Oui, je leur demande. 6. Oui, je lui ai répondu. 7. Oui, je la prends. 8. Oui, je l'ai préparé. 9. Oui, je les paie. 10. Oui, je l'ai reçu.

b) 1. Cette salade? — Oui, cette salade. 2. Ces lettres? — Oui, ces lettres. 3. Ce programme? — Oui, ce programme. 4. Cette robe? — Oui, cette robe. 5. Ce garçon? — Oui, ce garçon. 6. Cette usine? — Oui, cette usine. 7. Ces valises? — Oui, ces valises. 8. Cet ouvrier? — Oui, cet ouvrier. 9. Ces revendications? — Oui, ces revendications. 10. A cette femme? — Oui, à cette femme.

c) 1. Tu as trouvé ta voiture. Il a trouvé sa voiture. Elle a trouvé sa voiture. Nous avons trouvé notre voiture. Vous avez trouvé votre voiture. Ils ont trouvé leur voiture. Elles ont trouvé leur voiture.
2. Tu manges ton poisson. Il mange son poisson. Elle mange son poisson. Nous mangeons notre poisson. Vous mangez votre poisson. Ils mangent leur poisson. Elles mangent leur poisson.
3. Tu présentes tes revendications. Il présente ses revendications. Elle présente ses revendications. Nous présentons nos revendications. Vous présentez vos revendications. Ils présentent leurs revendications. Elles présentent leurs revendications.

**6.** a) 1. Monsieur et Madame Martin sont à Paris depuis hier. Ils visitent le Louvre et l'Arc de Triomphe. 2. Ma fille travaille chez Renault. Mon fils prépare le bac(calauréat). Ils travaillent beaucoup. 3. Cette robe est sûrement votre taille. Elle est très élégante. Elle a des poches. 4. Je ne trouve pas les chaises de camping et le réchaud. Où est mon maillot de bain? Jacques, (est-ce que) tu es prêt? Christine est si nerveuse. 5. Ce garçon est mon cousin. Il raconte toujours mes exploits à sa mère. 6. Bonjour Mireille. Mon voyage a été agréable. Est-ce que Monsieur Durand a téléphoné? — Très bien. 7. Une grève éclate dans une entreprise de la région parisienne. Les ouvriers sont tous là, mais personne ne travaille. 8. Le garçon apporte le(s) hors-d'œuvre: des salades, du pain, des olives et du jambon. Il apporte aussi du vinaigre et de l'huile. Il a oublié le sel et le poivre. 9. Le lait coûte maintenant deux francs cinquante. Cette hausse des prix continuelle me fait peur. 10. Monsieur et Madame Durand échangent quelques nouvelles. Monsieur Durand dit à sa femme: «Francine, le fromage est maintenant bon marché. Achète, s'il te plaît, beaucoup de gruyère et un peu de camembert.»

b) Jacques et Eve sont à Lyon depuis trois jours. Ils habitent un grand hôtel près d'un bon restaurant. Chaque soir, ils entrent dans le restaurant, prennent place à une table pour deux personnes et appellent le garçon. Ils mangent chaque jour avec beaucoup d'appétit. Après deux heures, ils quittent le restaurant et regardent un peu les étalages de la ville. Jacques fume encore une ou deux cigarettes. Puis ils retournent à l'hôtel. Jacques et Eve vont rester deux semaines à Lyon.

## 11

a) 1. senti, fini, ouvert, reçu, trouvé, pensé, fait, pris, arrivé, entendu, offert, dormi, servi
2. il sort, tape, téléphone, souffre, reçoit, va, dit, peut, ment, ouvre, prend, fait, attaque
3. vous prenez, sentez, finissez, offrez, attaquez, dites, allez, recevez, pouvez, faites, servez

b) 1. Non, je ne vais pas à Paris. 2. Non, je ne peux pas aller à la pharmacie. 3. Non, je ne mens pas. 4. Non, je ne souffre pas. 5. Non, je n'attaque pas. 6. Non, je ne pars pas. 7. Non, je ne prends pas le comprimé. 8. Non, je ne téléphone pas. 9. Non, je ne me rends pas à l'hôtel. 10. Non, je n'ai pas mal au ventre.

c) 1. d' 2. — 3. — 4. de 5. des 6. — 7. —, — 8. du, du 9. d' 10. —

d) 1. — 2. de la, du, du 3. d' 4. du 5. — 6. — 7. — 8. de la 9. — 10. d'

e) 1. (Est-ce que) vous avez de l'eau fraîche? 2. Monsieur Bériot se laisse tomber sur une chaise de camping. 3. (Est-ce que) tu peux aller à la pharmacie? 4. Monsieur Bériot se sent malade. — (Est-ce qu') il est vraiment malade? 5. Depuis quand est-ce que vous êtes à Paris? — Depuis deux semaines. 6. La porte peut rester ouverte. Ça fait du bien. 7. (Est-ce que) vous avez un comprimé pour moi? 8. Je n'ai pas de douleurs. 9. Depuis deux heures à peu près, je me sens malade. 10. Monsieur Bériot se tourne vers sa femme et dit: «Est-ce que ça va durer longtemps?» 11. J'ai fait réserver une chambre. 12. Montez dans votre chambre.

## 12

a) 1. La semaine prochaine, le président de la République effectuera un voyage en Afrique. 2. La semaine prochaine, ce voyage sera utile. 3. La semaine prochaine, un contremaître et un agent de maîtrise se rencontreront dans un bistro. 4. La semaine prochaine, je t'expliquerai le problème des exportations. 5. La semaine prochaine, Gaston recevra une lettre de Monsieur Denier. 6. La semaine prochaine, mon mari répondra à la lettre. 7. La semaine prochaine, une vive discussion s'engagera. 8. La semaine prochaine, je parlerai de l'aide au développement. 9. La semaine prochaine, je te convaincrai de l'utilité de ce voyage. 10. La semaine prochaine, Marcel Gardé sera à Paris. 11. La semaine prochaine, nous serons en vacances. 12. La semaine prochaine, nous aurons une belle voiture.

b) 1. Nous arriverons à midi à Deauville. 2. Si tu manges cela, tu te sentiras malade. 3. Monsieur Denier n'est pas là? — Alors, j'attendrai. 4. Les échanges augmenteront. 5. Le président de la République réglera les problèmes nationaux. 6. Nous profiterons de ce voyage. 7. La semaine prochaine, une grève éclatera. 8. Vous prendrez contact avec la direction? 9. Je t'expliquerai la situation. 10. Vous recevrez ma réponse ce soir. 11. Une discussion s'engagera.

c) 1. je commanderai, vous demanderez, nous répondrons, il préparera, elles sortiront, ils ouvriront, tu partiras, elle trouvera, je mangerai, vous continuerez, elles mentiront, elle recevra, nous étudierons, ils offriront, j'ouvrirai 2. nous allons commander, tu vas demander, je vais répondre, ils vont préparer, elle va sortir, il va ouvrir, vous allez partir, elles vont trouver, nous allons manger, tu vas continuer, elle va mentir, elles vont recevoir, je vais étudier, il va offrir, nous allons ouvrir

d) 1. que 2. que 3. qui 4. que 5. qui 6. qui 7. qui 8. qu' 9. qui 10. que

e) 1. Nous réglerons d'abord les problèmes nationaux et parlerons ensuite de l'aide au développement. 2. Il aime parler voitures. 3. Nos partenaires commerciaux ont besoin d'aide au développement. 4. Une bonne partie de nos exportations va en Afrique. 5. Nous nous intéressons à tous les problèmes du commerce. 6. Le président de la République profitera de l'occasion pour effectuer un voyage. 7. Nous exportons beaucoup de produits vers l'Afrique. 8. Je resterai toujours réaliste. 9. Les échanges augmenteront notre prospérité. 10. Vous ne me convaincrez pas de l'utilité de cette discussion. 11. Tu dois admettre que Gaston est têtu. 12. Nous profiterons d'une augmentation des exportations.

## 13

a) sept, cinq, deux, neuf, six, trois, huit, quatre, onze, vingt, cinquante, soixante-dix, quatre-vingt-dix, soixante, quarante, quatre-vingts, trente, cent, vingt et un, trente-deux, quarante-trois, cinquante-quatre, soixante-cinq, soixante-seize, quatre-vingt-sept, quatre-vingt-dix-huit, soixante et un, soixante et onze, quatre-vingt-un, quatre-vingt-onze

b) six‿élèves, huit personnes, dix‿enfants, six femmes, cinq cigarettes, huit foulards, cinq‿écharpes, dix feuilles, trois‿élèves, deux femmes, huit jours, deux‿enfants, trois poissons.

c) la troisième place, le deuxième mot, le cinquième enfant, la septième cigarette, le premier poisson, la douzième maison, la deuxième tranche, le permier dîner, le dix-huitième document, la vingt-troisième minute, la soixante-huitième femme.

d) 1. ton foulard est plus élégant que mon foulard, le foulard de Catherine est le plus élégant. 2. Mademoiselle Durand est plus nerveuse que Madame Durand, Monsieur Durand est le plus nerveux. 3. la robe verte est plus jolie que la robe rouge, la robe bleue est la plus jolie. 4. l'exploit de Gérard est plus sensationnel que la performance de Julien, le saut en longueur de Claudine est le plus sensationnel. 5. le poisson est meilleur que la viande, les sardines sont les meilleures. 6. Julien avance plus lentement que Jacques, Yves avance le plus lentement. 7. Marguerite travaille mieux que Marie-Louise, Eve travaille le mieux.

e) A: 1. veux 2. voulez 3. voulons 4. veulent 5. veut 6. veux 7. veulent
B: 1. peut 2. peux 3. pouvons 4. pouvez 5. peut 6. pouvons 7. peut

f) 1. Monsieur Durand a réglé le problème de manière élégante. 2. Le commerce évolue de manière sensationnelle. 3. Mademoiselle Bériot travaille de manière satisfaisante. 4. Monsieur Meyer a répondu à l'ouvrier de manière objective. 5. J'expliquerai (Je vais expliquer) les choses de manière objective.

g) 1. A la fin de l'année scolaire, Monsieur Chaval fait toujours un rapport sur l'équipe de football. 2. Je te remercie de ta lettre. 3. Le commerce avec les Etats africains a bien évolué. 4. Monsieur Müller me rappelle chaque jour la lettre. 5. Nous demanderons à Monsieur Barotti de se rendre à Paris. 6. Je veux aller à Paris. 7. Au cours de la semaine prochaine, nous augmenterons votre argent de poche. 8. Les membres du conseil des parents d'élèves remercient Monsieur Chaval de son attention. 9. Nous espérons que ces vacances seront mieux organisées. 10. Malheureusement, Monsieur Müller n'est pas à votre disposition. 11. Monsieur Chaval est plus âgé que son collègue. 12. Le saut en hauteur de Julien est une très belle performance. 13. Jean est mieux préparé que Julien, mais moins bien qu'Yves. 14. Le séjour en juin a été mieux organisé que le séjour en février. 15. Julien Leclerc est mon meilleur élève.

## 14

a) 1. Vous regardez l'église? — Est-ce que vous regardez l'église? — Regardez-vous l'église? 2. Il est venu avec toi? — Est-ce qu'il est venu avec toi? — Est-il venu avec toi? 3. Nous quittons l'autoroute? — Est-ce que nous quittons l'autoroute? — Quittons-nous l'autoroute? 4. Il décide de rendre visite à son ami? — Est-ce qu'il décide de rendre visite à son ami? — Décide-t-il de rendre visite à son ami? 5. Vous donnez une description détaillée? — Est-ce que vous donnez une description détaillée? — Donnez-vous une description détaillée? 6. Elle a une voiture rouge? — Est-ce qu'elle a une voiture rouge? — A-t-elle une voiture rouge?

b) 1. Où est-ce que vous allez (tu vas?)? 2. Est-ce que vous allez tous bien? 3. Est-ce que vous allez (tu vas) entrer dans le restaurant? 4. Est-ce que l'église est loin d'ici? 5. Est-ce que l'analyse de marché sera finie ce soir? 6. Est-ce que tu veux (vous voulez) poser une question? 7. Est-ce qu'elle va bien? 8. Est-ce que Jean est venu seul? 9. Est-ce que Monsieur Nodier quitte l'autoroute? 10. D'où est-ce que vous venez (tu viens)? 11. Est-ce que le supermarché est bon marché? 12. Est-ce que Monsieur Nodier rend visite à son ami?

c) 1. Est-il malade? 2. Avez-vous mal au ventre? 3. As-tu envie de vomir? 4. Où allez-vous? 5. Le président de la République dépense-t-il beaucoup d'argent? 6. Le président est-il objectif? 7. Pouvez-vous retourner demain? 8. Comment vont-elles? 9. Se rendra-t-elle en Afrique? 10. Le docteur Chazal arrivera-t-il après-demain?

d) 1. I. je viens, tu fais, il trouve, elle reçoit, nous finissons, vous allez, ils sortent, elles viennent; je fais, tu trouves, il reçoit, elle finit, nous allons, vous sortez, ils viennent, elles font; je trouve, tu reçois, il finit, elle va, nous sortons, vous venez, ils font, elles trouvent; je reçois, tu finis, il va, elle sort, nous venons, vous faites, ils trouvent, elles reçoivent; je finis, tu vas, il sort, elle vient, nous faisons, vous trouvez, ils reçoivent, elles finissent; je vais, tu sors, il vient, elle fait, nous trouvons, vous recevez, ils finissent, elles vont; je sors, tu viens, il fait, elle trouve, nous recevons, vous finissez, ils vont, elles sortent.

II. je dis, tu rentres, il entend, elle ouvre, nous prenons, vous commandez, ils connaissent, elles disent; je rentre, tu entends, il ouvre, elle prend, nous commandons, vous connaissez, ils disent, elles rentrent; j'entends, tu ouvres, il prend, elle commande, nous connaissons, vous dites, ils rentrent, elles entendent; j'ouvre, tu prends, il commande, elle connaît, nous disons, vous rentrez, ils entendent, elles ouvrent; je prends, tu commandes, il connaît, elle dit, nous rentrons, vous entendez, ils ouvrent, elles prennent; je commande, tu connais, il dit, elle rentre, nous entendons, vous ouvrez, ils prennent, elles commandent; je connais, tu dis, il rentre, elle entend, nous ouvrons, vous prenez, ils commandent, elles connaissent;

III. je tiens, tu sens, il peut, elle offre, nous voulons, vous voyez, ils partent, elles tiennent; je sens, tu peux, il offre, elle veut, nous voyons, vous partez, ils tiennent, elles sentent; je peux, tu offres, il veut, elle voit, nous partons, vous tenez, ils sentent, elles peuvent; j'offre, tu veux, il voit, elle part, nous tenons, vous sentez, ils peuvent, elles offrent; je veux, tu vois, il part, elle tient, nous sentons, vous pouvez, ils offrent, elles veulent; je vois, tu pars, il tient, elle sent, nous pouvons, vous offrez, ils veulent, elles voient; je pars, tu tiens, il sent, elle peut, nous offrons, vous voulez, ils voient, elles partent.
2. venu, fait, trouvé, reçu, fini, allé, sorti, dit, rentré, entendu, ouvert, pris, commandé, connu, tenu, senti, pu, offert, voulu, vu, parti

e) 1. Oui, je viens de Paris. 2. Oui, je prends du café. 3. Oui, je vais répéter. 4. Oui, je vois cette tour là-bas. 5. Oui, je vais à Nice. 6. Oui, je fais un voyage d'affaires. 7. Oui, je dis cela à ma femme. 8. Oui, je rentre d'un voyage. 9. Oui, je me sens malade. 10. Oui, je suis en vacances.

f) 1. Monsieur Nodier visite le Louvre à Paris. Mais il rend aussi visite à son ami. 2. S'il vous plaît, répétez la description. 3. Voulez-vous aller à pied à Nice? 4. Je ne connais pas la ville. Où est l'avenue Jean Aicard, s'il vous plaît? 5. Si vous tournez d'abord à gauche, puis à droite, vous arrivez (arriverez) bientôt chez votre ami. 6. Salut, vieux pote. Tu as bonne mine. 7. Mon fils m'arrive déjà à l'épaule. 8. Monsieur Bériot entre dans la chambre lorsque Monsieur Nodier la quitte. 9. Monsieur Nodier, êtes-vous (est-ce que vous êtes) seul? 10. D'où viennent Monsieur et Madame Bériot? Ils viennent directement de Paris.

## 15

a) 1. je prenais, nous prenions; je finissais, nous finissions; j'allais, nous allions; j'ouvrais, nous ouvrions; je recevais, nous recevions; je donnais, nous donnions; je disais, nous disions; je faisais, nous faisions; je trouvais, nous trouvions; j'attendais, nous attendions; je sortais, nous sortions; je venais, nous venions; je souffrais, nous souffrions; je savais, nous savions; je voulais, nous voulions; je tenais, nous tenions; je partais, nous partions; je pouvais, nous pouvions; je connaissais, nous connaissions; je voyais, nous voyions.
2. nous trouvions, il voulait, elle finissait, vous espériez, elles recevaient, vous entendiez, ils donnaient, elle prenait, j'ouvrais, vous offriez, je voulais, tu étais, nous étions, je connaissais, il allait, ils perdaient, vous veniez.

b) 1. J'avais une maison. 2. J'étais malade. 3. Je voulais aller en France. 4. J'aimais parler politique. 5. Je connaissais Jean Lebrun. 6. J'allais toujours au bistro. 7. Je finissais en général le travail. 8. J'étais un bon sprinter. 9. J'aimais aller à pied. 10. J'étais à ta disposition.

c) 1. Il arrivait toujours à temps. 2. Il avait toujours faim. 3. Ils étaient mieux préparés. 4. Il était professeur au collège. 5. Elle s'occupait toujours du séjour. 6. Il donnait en général un bon pourboire. 7. Elle était bien préparée. 8. Elle était dans le tiroir. 9. Il travaillait beaucoup. 10. Elle fumait.

d) 1. Nous avions un plan de la ville. 2. Nous habitions rue Racine. 3. Nous étions pressés. 4. Nous aimions parler politique. 5. Nous avions une maison. 6. Nous voulions aller en ville. 7. Nous étions à sa disposition. 8. Nous avions toujours peur. 9. Nous étions bien préparés. 10. Nous travaillions beaucoup.

e) 1. tes 2. nos 3. leurs 4. vos 5. mes

f) 1. L'année passée, nous avons fait un voyage d'études à Périgueux. 2. Cher Jean, quand donneras-tu (est-ce que tu donneras) enfin de tes nouvelles? 3. Paris, le 12 juin. Chère Hélène, le dernier weekend était consacré à un voyage d'études. 4. Les hommes préhistoriques possédaient une habileté étonnante. 5. Notre séjour à Périgueux était très fatigant. 6. Malheureusement, je n'ai pas le temps de te répondre. 7. Il y a une semaine, tante Eve était à Bordeaux. J'étais très heureux de la revoir. 8. Monsieur Bériot a malheureusement tant de travail qu'il ne peut pas venir. 9. Christine et Eve étaient très heureuses à Périgueux. 10. Les peintures étaient meilleures que les dessins. 11. Lundi matin, nous avons fait une promenade dans les environs de Paris. 12. Nous espérons que vous n'êtes pas trop fâché(e)s.

## 16

a) 1. Oui, je l'ai arrêtée. 2. Oui, je l'ai oublié. 3. Oui, je l'ai ouverte. 4. Oui, je l'ai passée. 5. Oui, je l'ai tapée. 6. Oui, je l'ai pris. 7. Oui, je l'ai conduite. 8. Oui, je l'ai appelée. 9. Oui, je l'ai reçue. 10. Oui, je les ai trouvées.

b) 1. Oui, je les ai actionnés. 2. Oui, je l'ai fini. 3. Oui, je les ai vues. 4. Oui, je l'ai prise. 5. Oui, je l'ai regardée. 6. Oui, je l'ai entendu. 7. Oui, je les ai ouvertes. 8. Oui, je les ai commandés. 9. Oui, je l'ai mise en marche. 10. Oui, je les ai lâchés.

c) 1. Elle a déjà ouvert la fenêtre. 2. Ils sont déjà entrés dans l'hôtel. 3. Il a déjà pris la cigarette. 4. Ils sont déjà arrivés à Paris. 5. Ils se sont déjà allumés. 6. Il a déjà payé la facture. 7. Elle a déjà regardé le panneau. 8. Ils se sont déjà installés à Paris. 9. Elles ont déjà mangé avec appétit. 10. Ils sont déjà allés à Paris.

d) 1. Oui, conduisez la voiture. 2. Oui, redémarrez. 3. Oui, appuyez sur l'accélérateur. 4. Oui, demandez au moniteur. 5. Oui, attendez Madame Annot. 6. Oui, mettez le moteur en marche. 7. Oui, faites le lit. 8. Oui, prenez cent francs. 9. Oui, tournez à gauche. 10. Oui, ouvrez la fenêtre.

e) 1. Je me suis déjà installée derrière le volant. 2. J'ai déjà arrêté la voiture. 3. J'ai déjà appuyé sur le frein. 4. Je suis déjà entrée dans la chambre. 5. Je suis déjà allée à gauche. 6. J'ai déjà regardé le panneau. 7. J'ai déjà pris la cigarette. 8. J'ai déjà passé la première vitesse. 9. J'ai déjà pris la valise. 10. J'ai déjà freiné.

f) Madame Annot prend place derrière le volant de sa voiture et met le moteur en marche. Elle appuie sur la pédale gauche, passe la troisième vitesse et lâche doucement la pédale gauche. La voiture fait quelques bonds et s'arrête. Madame Annot se demande pourquoi la voiture s'arrête. Enfin, elle remarque qu'elle a passé la troisième vitesse. Elle passe la première. Elle soupire et fait un deuxième essai. Maintenant, la voiture commence à rouler. Madama Annot est très heureuse.

## 17

a) 1. Qui est-ce qui nous voit? 2. Qui est-ce qui nous appelle? 3. Qui est-ce qui nous arrête? 4. Qui est-ce qui nous attend? 5. Qui est-ce qui nous téléphone? 6. Qui est-ce qui nous presse? 7. Qui est-ce qui nous invite?

b) 1. Qu'est-ce qui les impressionne? 2. Qu'est-ce qui est compliqué? 3. Qu'est-ce qui est vrai? 4. Qu'est-ce qui est urgent? 5. Qu'est-ce qui lui coûtera beaucoup d'argent? 6. Qu'est-ce qui est difficile. 7. Qu'est-ce qui est insuffisant?

c) 1. A qui est-ce qu'il demande? 2. Qui est-ce qu'il arrête? 3. Qu'est-ce qu'il a bricolé? 4. Pour qui est-ce qu'il a travaillé? 5. Avec quoi est-ce qu'il a travaillé? 6. A qui est-ce qu'il pense? 7. A qui est-ce qu'il pense? 8. Qui est-ce qu'il a vu? 9. Qu'est-ce qu'il a commis 10. Qui est-ce qu'il arrête? 11. Qu'est-ce qu'il a raconté? 12. A qui est-ce qu'il pense? 13. Qu'est-ce qu'il termine? 14. Qu'est-ce qu'il sait? 15. Qui est-ce qu'il connaît?

d) 1. Où est-ce qu'il est allé? 2. Où est-ce qu'il a commis le délit? 3. Pourquoi est-ce qu'il est venu? 4. Avec quoi est-ce qu'il a ouvert la voiture? 5. Quand est-ce qu'il va venir? 6. Où est-ce qu'elle est? 7. Quand est-ce qu'il rentrera?

e) 1. Qu'est-ce que vous avez dit? 2. Pour qui est-ce qu'il a volé la voiture? 3. Qui est-ce que vous avez rencontré? 4. A quoi est-ce qu'il pense? 5. Qu'est-ce que tu vois? 6. De qui est-ce que vous parlez? 7. De quoi est-ce qu'il parle? 8. Avec quoi est-ce qu'il a crocheté la portière? 9. Qui est-ce que tu as vu? 10. Qui est-ce qui est malade?

f) 1. De qui as-tu reçu la lettre? 2. Qu'avez-vous trouvé? 3. De quoi parle-t-elle? 4. Qu'as-tu crocheté? 5. Pour qui a-t-il acheté les cigarettes? 6. Avec quoi a-t-il crocheté la portière? 7. Que veut-il? 8. De qui a-t-elle reçu le coup de téléphone? 9. A qui pense-t-elle? 10. Que dites-vous?

g) 1. A qui téléphone-t-elle? 2. Que regarde-t-il? 3. Que regarde-t-il? 4. Pour qui a-t-elle fait cela? 5. Où a-t-il rencontré ses amis? 6. Qu'allume-t-elle? 7. Pour qui a-t-elle fait cela? 8. Avec quoi a-t-elle fait cela? 9. De quoi parle-t-il? 10. Quand retournera-t-il? 11. Quand est-il venu? 12. Qui ont-ils arrêté? 13. Que peut-on ouvrir avec un rossignol? 14. Quand sont-elles venues? 15. Ou a-t-elle rencontré cette femme?

h) A: 1. De quoi parle-t-il? 2. Que dit-elle? 3. Pour qui parle-t-il? 4. Avec quoi avez-vous ouvert la portière? 5. Où as-tu vu Jean? 6. Quel livre voulez-vous acheter? 7. A quoi pensez- vous? 8. Quelle voiture possédez-vous? 9. A qui avez-vous raconté l'histoire? 10. Que dit-il?
B: 1. Qui est-ce qui a fait cela? 2. A qui est-ce que Jean Doriez a volé la voiture? 3. De quoi est-ce que Madame Müller parle? 4. Quand est-ce que vous allez venir? 5. Comment est-ce que vous vous appelez? 6. Quand est-ce que vous venez (allez venir)? 7. A quoi est-ce que l'agent de police pense? 8. Pourquoi est-ce que le voleur a volé la voiture? 9. Qui est-ce qui arrête le voleur? 10. Qui est-ce que vous voyez?

## 18

a) 1. S'il était utile, il vendrait sa voiture. 2. S'il était utile, nous regarderions cette émission. 3. S'il était utile, elle serait d'accord pour vivre sans télé. 4. S'il était utile, ils sacrifieraient leur soirée. 5. S'il était utile, je partirais dans un quart d'heure. 6. S'il était utile, elles vendraient leur poste. 7. S'il était utile, on se coucherait. 8. S'il était utile, on réaliserait moins d'émissions. 9. S'il était utile, je freinerais la voiture. 10. S'il était utile, nous passerions la soirée chez Fred.

b) 1. Si tu partais à deux heures, tu arriverais en même temps que ton ami. 2. Si tu vendais la télé, tu ne serais pas content. 3. Si vous voliez la voiture, on vous arrêterait. 4. Si je passais par Saint-Raphaël, mon ami serait très content. 5. Si nous tournions à droite, nous traverserions le chemin de fer. 6. Si vous actionniez ce grand levier-là, la voiture commencerait à rouler. 7. Si Monsieur Brun vendait la télé, Paulette serait de mauvaise humeur. 8. Si Eric vendait la voiture, Paulette ne serait pas contente. 9. Si Monsieur Brun finissait l'analyse de marché ce soir, nous taperions la réponse demain. 10. Si on sacrifiait la soirée, ce serait pour rien.

c) vous aimeriez, nous recevrions, je trouverais, elles vendraient, il servirait, tu devrais, nous réaliserions, ils aimeraient, je serais, elle tirerait, vous auriez, tu mentirais, ils finiraient, elles demanderaient, nous préparerions.

d) 1. Il devrait acheter la voiture. 2. Vous devriez préparer le déjeuner. 3. Elle devrait tourner à droite. 4. Il devrait regarder la télé. 5. Tu devrais sortir à trois heures. 6. Ils devraient finir leur café. 7. Elle devrait passer par Saint-Raphaël. 8. Elle devrait téléphoner à Monsieur Brun. 9. Vous devriez regarder le singe Toto. 10. Il devrait renoncer au journal télévisé.

e) 1. Paulette n'a pas raison non plus. 2. Moi, je ne regarde pas la télé non plus. 3. Son mari n'aime pas ce film non plus. 4. Monsieur Brun ne vend pas la télé non plus. 5. Nous, nous ne tournons pas à gauche non plus. 6. Papa n'est pas prêt non plus. 7. Moi, je ne suis pas fatigué(e) non plus. 8. Les Bériot ne rentrent pas non plus. 9. Paulette n'est pas secrétaire non plus. 10. Yves ne regarde pas le singe Toto non plus.
Hinweis: In Sätzen mit Objekt ist auch *non plus* vor dem Objekt möglich, z. B.: Moi, je ne regarde pas non plus la télé.

f) 1. Toute la famille regarde un concert de jazz. Tous sont contents. 2. Tous nos amis ont la télévision. Je regarde toutes les émissions. 3. Est-ce que vous avez (Avez-vous) tout vu? — Oui, tout. 4. Le film d'hier soir était mauvais. J'aurais mieux fait d'aller me coucher. 5. Si nous regardions plus d'émissions, nous aurions un certain profit. 6. A notre avis, toutes les émissions sont mauvaises. 7. Robert, vous vous laissez tyranniser par vos enfants. Moi, je ne me laisserais pas tyranniser de la sorte. 8. Les enfants, venez enfin. Le petit déjeuner est prêt. 9. Monsieur Brun est de mauvaise humeur. Sa femme et ses enfants aussi. 10. Je serais d'accord pour vendre le poste.

## 19

a) 1. Non, c'est celui de mon frère. 2. Non, ce sont celles de mon frère. 3. Non, c'est celle de mon frère. 4. Non, c'est celui de mon frère. 5. Non, ce sont ceux de mon frère. 6. Non, ce sont ceux de mon frère. 7. Non, ce sont celles de mon frère. 8. Non, c'est celui de mon frère. 9. Non, c'est celle de mon frère. 10. Non, c'est celui de mon frère.

b) 1. Non, c'est celle de ma femme. 2. Non, ce sont ceux de ma femme. 3. Non, c'est celui de ma femme. 4. Non, c'est celui de ma femme. 5. Non, ce sont celles de ma femme. 6. Non, c'est celui de ma femme. 7. Non, ce sont celles de ma femme. 8. Non, c'est celle de ma femme. 9. Non, c'est celui de ma femme. 10. Non, ce sont ceux de ma femme.

c) 1. Celui de droite? — Non, celui de gauche. 2. Celui de droite? — Non, celui de gauche. 3. Celui de droite? — Non, celui de gauche. 4. Celle de droite? — Non, celle de gauche. 5. Celui de droite? — Non, celui de gauche. 6. Celui de droite? — Non, celui de gauche. 7. Celle de droite? — Non, celle de gauche. 8. Celui de droite? — Non, celui de gauche. 9. Celle de droite? — Non, celle de gauche. 10. Celui de droite? — Non, celui de gauche.

d) 1. cent cinquante et un, trois cent soixante-sept, huit cent vingt-deux, six cent dix-neuf, sept cent trois, trois cent vingt-huit, quatre cent trente-trois, neuf cent quatre-vingt-dix-neuf, cent douze, trois cent quatre-vingt-sept, cinq cent quatre-vingt-deux, deux cent dix-neuf, quatre cent soixante-dix-neuf, neuf cent cinquante et un, six cent douze, six cent soixante-six, trois cent quatre-vingt-onze, cinq cent soixante et onze, deux cent soixante-neuf, quatre cent cinquante-six, cent onze, deux cent vingt-deux, trois cent trente-trois, quatre cent quarante-quatre, cinq cent cinquante-cinq, six cent soixante-neuf, huit cent quatre-vingts.

2. trois mille quatre cent soixante-sept, mille deux cent quatre-vingt-huit, neuf mille sept cent quatre-vingt-onze, six mille trois cent cinquante-cinq, quatre mille un, mille sept cent soixante et un, six mille cent soixante et onze, huit mille trois cent deux, deux mille quatorze, quatre mille quatre cent quarante-quatre, sept mille trois cent soixante-douze, trois mille sept cent seize, cinq mille neuf cent quarante-huit, neuf mille neuf cent quatre-vingt-dix-huit, sept mille trois cent neuf, quatre mille quatre-vingt-sept, mille trois cent vingt-quatre, quatre mille six cent cinquante-sept, neuf mille cent soixante-douze, cinq mille sept cent soixante-six, trois mille trois cent neuf.

3. trois millions deux cent soixante-cinq mille trois cent cinq, quinze millions sept cent soixante-six mille trois cent quantre-vingt-un, un million six cent vingt-huit mille cinq cent soixante et onze, cent onze millions sept cent vingt-cinq mille neuf cent soixante et un, dix-neuf millions trois cent dix-huit mille cinq, cent dix-sept millions, trois cent douze millions quatre cent quatre-vingt-dix-neuf mille huit cent soixante-sept, dix-sept millions cent dix-sept mille sept cent dix-huit, deux millions cinq cent six mille trois cent cinquante-sept, soixante-sept millions quatre cent cinquante mille trois cent cinquante.

e) 1. Cette maison coûte plus de 800.000 francs. 2. Connaissez-vous notre offre la plus avantageuse? 3. Mon père est plus âgé que son frère. 4. Cette salle de séjour a 25 m² (= mètres carrés) plus une loggia de 6 m². 5. Notre maison a une salle de séjour, deux chambres, une cuisine, deux w.-c., une salle de bains et deux garages. 6. Notre salle de séjour se trouve au deuxième étage. 7. Regardez ce plan-là. — Celui-ci? — Non, celui-là. 8. Toutes les pièces d'habitation sont pourvues d'une moquette. 9. Quelles photos représentent l'appartement du type 2? — Celles de gauche. 10. Que désirez-vous? (Qu'est-ce que vous désirez?) — Je cherche un trois pièces près de Paris.

# 20

**1.** a) 1. Oui, je la veux. 2. Oui, je la prends. 3. Oui, je la connais. 4. Oui, je la fais. 5. Oui, je les finis. 6. Oui, je la sens. 7. Oui, je l'essaie. 8. Oui, je l'appelle. 9. Oui, je l'achète. 10. Oui, je la conduis.

b) 1. Il connaissait la situation. 2. Ils travaillaient beaucop. 3. Elle était malade. 4. Ils avaient une voiture. 5. Elle était bien préparée. 6. Il recevait chaque jour une lettre. 7. Ils aimaient parler politique. 8. Ils voulaient acheter la maison. 9. Ils croyaient cette histoire. 10. Il voulait aller à pied.

c) 1. Vendredi prochain, Madame Annot aura sa première leçon au volant d'une voiture. 2. Vendredi prochain, les Bruns regarderont la télévision. 3. Vendredi prochain, Monsieur Chaval parlera aux membres du conseil des parents d'élèves. 4. Vendredi prochain, Monsieur Bériot finira l'analyse de marché. 5. Vendredi prochain, mon avocat recevra une lettre. 6. Vendredi prochain, je te convaincrai de l'utilité de ce voyage. 7. Vendredi prochain, l'analyse de marché sera finie. 8. Vendredi prochain, nous visiterons l'appartement-témoin. 9. Vendredi prochain, la salle de séjour sera pourvue d'une moquette. 10. Vendredi prochain, je travaillerai chez Philippe.

d) 1. S'il était utile, je passerais la soirée chez Yves. 2. S'il était utile, il visiterait l'appartement-témoin. 3. S'il était utile, je vendrais la télévision. 4. S'il était utile, nous passerions par Saint-Raphaël. 5. S'il était utile, elles sortiraient bientôt. 6. S'il était utile, je taperais la réponse. 7. S'il était utile, je conduirais la voiture. 8. S'il était utile, nous finirions le travail demain. 9. S'il était utile, nous l'arrêterions. 10. S'il était utile, il ouvrirait la fenêtre.

e) 1. Oui, je l'ai achetée. 2. Oui, je l'ai ouverte. 3. Oui, je l'ai fait. 4. Oui, je l'ai prise. 5. Oui, je les ai trouvées. 6. Oui, je l'ai conduite. 7. Oui, je l'ai mise en marche. 8. Oui, je l'ai appelée. 9. Oui, je l'ai commandé. 10. Oui, je les ai regardés.

**2.** a) 1. que 2. qui, que 3. qu' 4. que 5. que 6. qui 7. qui

b) 1. Qu'est-ce qu'il visitera bientôt? 2. Qui est-ce qu'il a arrêté? 3. A qui est-ce qu'elle pense? 4. Qui est-ce qu'il connaît? 5. Qu'est-ce qu'elle a vu? 6. Pour qui est-ce qu'il travaille? 7. Avec quoi est-ce qu'il a crocheté la portière? 8. Avec qui est-ce qu'elle est arrivée? 9. Qu'est-ce qu'il a vu? 10. A qui est-ce qu'il pense? 11. De quoi est-ce qu'ils parlent? 12. Qu'est-ce qu'il connaît?

c) 1. Non, c'est celui de mon ami. 2. Non, c'est celui de mon ami. 3. Non, ce sont celles de mon ami. 4. Non, c'est celui de mon ami. 5. Non, ce sont ceux de mon ami. 6. Non, ce sont celles de mon ami. 7. Non, c'est celui de mon ami.

**3.** a) 1. Christine travaille mieux, Marguerite travaille le mieux. 2. le jardin de nos amis est plus joli, celui du professeur Chaval est le plus joli. 3. Jacques avance plus lentement, Yves avance le plus lentement. 4. le vin est meilleur, les hors-d'œuvre sont les meilleurs. 5. la robe de Marguerite est plus élégante, celle de Madame Chaval est la plus élégante.

b) élégante, bleue, petite, grande, jolie, rouge, belle, nerveuse, douce, lente, moyenne, étonnée, aucune, bonne, fraîche, légère, certaine, nationale, vive, meilleure, âgée, objective, commerciale, chère, parisienne.

c) brusquement, légèrement, doucement, vivement, fraîchement, lentement, joliment, objectivement, certainement

**4.** a) 1. Oui, il prendra volontiers des olives. 2. Oui, il prendra volontiers du vin. 3. Oui, il prendra volontiers de la salade. 4. Oui, il prendra volontiers du pain. 5. Oui, il prendra volontiers des salades variées. 6. Oui, il prendra volontiers du fromage. 7. Oui, il prendra volontiers des haricots. 8. Oui, il prendra volontiers des hors-d'œuvre. 9. Oui, il prendra volontiers des sardines à l'huile. 10. Oui, il prendra volontiers de la viande.

b) 1. — 2. du 3. d' 4. —, — 5. d', de l' 6. — 7. du, du 8. d' 9. de 10. de

**5.** a) neuf, treize, vingt-sept, trente-huit, cinquante-neuf, soixante-sept, quatre-vingt-huit, neuf cent vingt-cinq, trois cent soixante-six, sept mille huit cent douze, neuf mille cinq cent seize, douze mille quatre cent dix-huit, deux millions deux cent vingt-quatre mille neuf cent huit, dix-sept millions deux cent vingt-huit mille six cent soixante-huit, cent vingt-huit millions neuf cent soxiante-dix-neuf mille huit cent quatre-vingt-huit

b) 1. Ils ont gagné les quatrième et cinquième places. 2. Il a gagné la première place. 3. Elle a gagné la deuxième place. 4. Il a gagné la douzième place. 5. Il a gagné la dix-septième place.

**6.** a) 1. Monsieur Bériot et sa femme sont malades. Ils ont beaucoup mangé. 2. L'aide au développement fait des Etats moins développés des partenaires commerciaux plus puissants. 3. La troisième place d'Yves Doriez est une belle performance. 4. Connaissez-vous la ville? — Oui je la connais comme ma poche. 5. Les hommes préhistoriques possédaient déjà une habileté étonnante dans le dessin et la peinture. 6. Ce grand levier-ci est le changement de vitesse. Ce petit levier-là sert à actionner les clignotants. 7. Je sais beaucoup de choses que vous ne savez pas. 8. C'est une honte: Au moins quarante pour-cent de toutes les émissions sont mauvais. Je vendrai mon poste (de télévision). 9. Si les émissions n'étaient pas si bonnes, je vendrais mon poste (de télévision). 10. Mon appartement a deux étages: Au premier étage, il y a une salle de séjour, une cuisine et un w.-c. Au deuxième étage, il y a deux chambres, la salle de bains et un débarras.

b)

— Quel est votre nom?
— Je m'appelle Eve Brun.
— Quelle est votre profession?
— Je suis secrétaire.
— Quel âge avez-vous?
— J'ai 55 ans.
— Pour qui travaillez-vous?
— Je travaille pour Monsieur Bériot.
— Et vous avez volé de l'argent?
— Non.
— A quoi pensez-vous?
— A rien.
— Avez-vous quelque chose à ajouter?
— Non.
— Alors, l'interrogatoire est terminé

## 21

a) cherchant, allant, pouvant, tenant, sentant, prenant, attendant, étant, disant, ouvrant, voulant, venant, répétant, connaissant, mettant, conduisant, croyant, donnant, ayant.

b) 1. Une perturbation traversant les îles Britanniques apportera des pluies abondantes. 2. Le temps plus doux s'établissant dès le matin en France ne durera pas longtemps. 3. Les échanges augmentant chaque année encouragent l'économie nationale. 4. Le président de la République effectuant ce voyage pour la première fois ne retournera que demain soir. 5. Le vent étant assez faible apportera quand même quelques éclaircissements. 6. Les négociations n'ayant apporté aucun résultat ont été arrêtées à midi.

c) 1. Grund: Da Herr Levier jede Woche ein Angebot über Werbekugelschreiber erhält, antwortet er schließlich, daß man keine Werbung brauche. 2. Gleichzeitigkeit: An einem Montagmorgen bricht in einem Pariser Unternehmen ein Streik aus, wobei die Arbeiter jedoch an ihrem Arbeitsplatz bleiben. 3. relativ: Die Arbeiter, die zur Arbeit zurückgekehrt sind, erhalten eine Urlaubsprämie. 4. Grund: Da die Direktoren die Absichten der Arbeiter nicht kennen, verbringen sie unangenehme Tage. 5. Grund: Da der Himmel bewölkt bleibt, wird das Wetter kühl bleiben. 6. relativ: Die Wolken, die sich im Westen Frankreichs befinden, überqueren das Zentralmassiv heute nachmittag.

d) 1. Verb; — 2. Adjektiv; persistante 3. Adjektiv; abondantes 4. Verb; —; Adjektiv; suffisante 5. Adjektiv; étonnante

e) 1. Demain, un courant d'air doux se dirigera des Vosges aux Alpes. 2. Demain, les vents se renforceront. 3. Demain, mes parents viendront chez moi. 4. Demain, l'autocar traversera le Massif central. 5. Demain, les vents deviendront très forts. 6. Demain, une zone de haute pression s'établira au sud de la France. 7. Demain, le temps restera toujours frais. 8. Demain, le temps deviendra variable et il y aura des averses. 9. Demain, les pluies s'étendront des Alpes aux Vosges. 10. Demain, une perturbation traversera l'Europe occidentale.

f) La zone de haute pression se trouvant à l'ouest des îles Britanniques traversera demain la Manche et apportera en France un courant d'air plus doux. En même temps, le vent d'ouest faiblira. Des Vosges à la Méditerranée on notera des pluies localisées qui faibliront vers le soir. Ce matin à huit heures, la pression atmosphérique était de 1035 millibars, soit à peu près 775 millimètres de mercure.

## 22

a) 1. que je cherche, finisse, rende, reçoive, prenne, tienne, répète, réponde, voie, connaisse, dorme, mette, ouvre, conduise, regarde, croie, entende, coûte, craigne, lève, sorte, dise.

2. que nous cherchions, finissions, rendions, recevions, prenions, tenions, répétions, répondions, voyions, connaissions, dormions, mettions, ouvrions, conduisions, regardions, croyions, entendions, coûtions, craignions, levions, sortions, disions.

b) 1. est (objektive Aussage) 2. est (objektive Aussage) 3. sois (Gefühlsregung) 4. vienne (Unsicherheit) 5. a (objektive Aussage) 6. soyez (Gefühlsregung) 7. ont (objektive Aussage) 8. finisse (Gefühlsregung) 9. vienne (Wunsch) 10. intervienne (Zwang) 11. a (objektive Aussage) 12. conduisiez (Gefühlsregung) 13. est (objektive Aussage) 14. devez (objektive Aussage) 15. peux (objektive Aussage)

c) A: 1. Il faut qu'il commence la leçon. 2. Il faut que vous repreniez le travail. 3. Il faut que tu regardes la revue automobile. 4. Il faut que vous cherchiez la valise. 5. Il faut qu'il visite le Louvre. 6. Il faut que vous appeliez Madame Levier. 7. Il faut que tu dormes longtemps. 8. Il faut qu'ils ouvrent la fenêtre. 9. Il faut que vous tapiez la lettre à la machine. 10. Il faut que vous soyez sages. 11. Il faut que tu retournes au boulot. 12. Il faut que vous dormiez en ville. 13. Il faut qu'il achète un paquet de cigarettes. 14. Il faut que tu prennes la valise. 15. Il faut qu'il conduise la voiture. 16. Il faut que nous regardions cette émission. 17. Il faut que tu vendes ton poste de télévision. 18. Il faut que nous passions la soirée chez Fred. 19. Il faut que vous crochetiez la portière. 20. Il faut que tu ranges tes affaires dans la voiture.

B: 1. Il doit commencer la leçon. 2. Vous devez reprendre le travail. 3. Tu dois regarder la revue automobile. 4. Vous devez chercher la valise. 5. Il doit visiter le Louvre. 6. Vous devez appeler Madame Levier. 7. Tu dois dormir longtemps. 8. Ils doivent ouvrir la fenêtre. 9. Vous devez taper la lettre à la machine. 10. Vous devez être sages. 11. Tu dois retourner au boulot. 12. Vous devez dormir en ville. 13. Paul doit acheter un paquet de cigarettes. 14. Tu dois prendre la valise. 15. Il doit conduire la voiture. 16. Nous devons regarder cette émission. 17. Tu dois vendre ton poste de télévision. 18. Nous devons passer la soirée chez Fred. 19. Vous devez crocheter la portière. 20. Tu dois ranger tes affaires dans la voiture.

d) 1. Il est possible qu'il prenne cette mesure. 2. Il est possible qu'il retourne au travail. 3. Il est possible qu'elle entre dans le supermarché. 4. Il est possible qu'il appelle Francine. 5. Il est possible qu'il achète la maison. 6. Il est possible qu'il conduise la voiture. 7. Il est possible qu'elle attende l'arrivée du bus. 8. Il est possible qu'elle tape la lettre à la machine. 9. Il est possible qu'ils reprennent le travail. 10. Il est possible qu'il arrête la voiture.

e) 1. Il est probable que je vienne à Paris. 2. Il est probable que j'arrête Jean Doriez. 3. Il est probable que je passe les vacances au bord de la mer. 4. Il est probable que j'achète la viande. 5. Il est probable que je téléphone à mon ami. 6. Il est probable que je réponde à cette lettre. 7. Il est probable que je conduise la voiture. 8. Il est probable que je demande à mon jeune collègue. 9. Il est probable que je renonce à cette émission. 10. Il est probable que je regarde le journal télévisé.

f) 1. Je doute que l'augmentation des prix intervienne avant les élections. 2. Le ministre des transports a déclaré que le gouvernement prendra les mesures nécessaires. 3. Nous craignons que ce (cela) ne soit pas la dernière augmentation des tarifs. 4. Le gouvernement pourrait défendre la poursuite de la grève. Mais ce n'est pas si facile que ça. 5. Est-ce que cette robe coûte cher? — Oui, elle coûte à peu près 500 francs. 6. Les prix ont augmenté de 5 % à peu près. 7. Malheureusement, il faut que j'augmente les prix. 8. Nous croyons que Monsieur Müller craint les augmentations des tarifs. 9. Savez-vous quand la grève sera terminée? 10. Nous resterons à Paris. Qu'est-ce que vous en pensez?

## 23

a) 1. que tu saches, mettes, reçoives, ailles, craignes, dises, puisses, sortes, ouvres, prennes, fasses, croies, veuilles, mentes.
2. que vous commenciez, conduisiez, veuillez, connaissiez, sachiez, permettiez, deveniez, coûtiez, alliez, puissiez, trouviez, finissiez, dormiez, fassiez, leviez, attendiez.

b) 1. pour que; afin que 2. bien que; quoique 3. pour que; afin que; de (telle) sorte que; de manière que 4. à condition que 5. jusqu'à ce que

c) 1. Etes-vous prêt(e,s) à payer un acompte? 2. Veuillez m'envoyer un prospectus de votre hôtel, pour que (afin que) je voie s'il me convient. 3. Est-ce qu'il y a la possibilité de louer une voiture? 4. Nous avons l'intention de passer quelques jours à Aix-en-Provence. 5. Tu resteras jusqu'à ce que ton travail soit terminé. 6. Je voudrais combiner un voyage d'affaires avec un séjour d'études. C'est pour cette raison que je cherche une chambre à deux lits du 25 septembre au 30 octobre. 7. Ma femme et moi, nous tenons à ce que la chambre donne sur la rue. 8. Veuillez nous indiquer votre compte en banque et votre compte chèque postal pour que (afin que) nous puissions virer les 200 francs. 9. Si nos conditions vous conviennent, nous sommes volontiers disposé(e)s à vous faire une offre. 10. Notre offre tient compte de la durée de votre séjour.

d) Messieurs, Ayant l'intention de passer une semaine à Paris au mois de mai, je vous prie de me réserver une chambre à deux lits du 17 au 24 mai. Je suis disposé(e) à payer un acompte de 200 francs dès que je recevrai votre réponse. Veuillez confirmer la réservation d'ici le 1er avril au plus tard et indiquer en même temps votre compte en banque, pour que (afin que) je puisse virer l'acompte.
Je vous prie d'agréer, Messieurs, mes salutations distinguées.

## 24

a) 1. Oui, il me l'a donné. 2. Oui, il m'a vu. 3. Oui, il me l'a promis. 4. Oui, il me l'a envoyée. 5. Oui, il me les a présentées. 6. Oui, il me l'a apporté. 7. Oui, il me les a donnés. 8. Oui, il m'a regardé. 9. Oui, il m'a invité. 10. Oui, il m'a cherchée.

b) 1. Non, je ne l'ai pas vu. 2. Non, je ne l'ai pas regardé. 3. Non, je ne l'ai pas entendue. 4. Non, je ne l'ai pas apporté. 5. Non, je ne l'ai pas achetée. 6. Non, je ne l'ai pas trouvé. 7. Non, je ne l'ai pas reçue. 8. Non, je ne l'ai pas fini. 9. Non, je ne l'ai pas vendue. 10. Non, je ne l'ai pas invité.

c) 1. Non, il ne me l'a pas donné. 2. Non, il ne m'a pas vu. 3. Non, il ne me l'a pas promis. 4. Non, il ne me l'a pas envoyée. 5. Non, il ne me les a pas présentées. 6. Non, il ne me l'a pas apporté. 7. Non, il ne me les a pas donnés. 8. Non, il ne m'a pas regardé. 9. Non, il ne m'a pas invité. 10. Non, il ne m'a pas cherchée.
1. Oui, je l'ai vu. 2. Oui, je l'ai regardé. 3. Oui, je l'ai entendue. 4. Oui, je l'ai apporté. 5. Oui, je l'ai achetée. 6. Oui, je l'ai trouvé. 7. Oui, je l'ai reçue. 8. Oui, je l'ai fini. 9. Oui, je l'ai vendue. 10. Oui, je l'ai invité.

d) 1. Jacques les lui a montrées. 2. Monsieur Touet les lui a présentées. 3. Je le leur ai apporté. 4. Jean les lui a promis. 5. Ma femme les a invités. 6. Mon mari la lui a racontée. 7. Je les leur ai rappelés. 8. Nous les leur avons donnés. 9. Paul Touet la lui a montrée. 10. Nous le leur avons promis.

e) 1. Jacques ne les lui a pas montrées. 2. Monsieur Touet ne les lui a pas présentées. 3. Je ne le leur ai pas apporté. 4. Jean ne les lui a pas promis. 5. Ma femme ne les a pas invités. 6. Mon mari ne la lui a pas racontée. 7. Je ne les leur ai pas rappelés. 8. Nous ne les leur avons pas donnés. 9. Paul Touet ne la lui a pas montrée. 10. Nous ne le leur avons pas promis.

f) 1. Je ne peux pas les payer. 2. Est-ce que tu l'entends parler? 3. Nous l'avons vu venir. 4. Est-ce que vous aimeriez les voir? 5. Nous pouvons les lui donner. 6. Nous la faisons réserver. 7. Est-ce que vous les laissez dormir. 8. Est-ce que vous voulez l'apporter? 9. Je le fais appeler. 10. Je veux l'appeler.

g) 1. Malheureusement, on en a déjà. 2. Malheureusement, on en a déjà. 3. Malheureusement, on en a déjà un. 4. Malheureusement, on en a déjà un. 5. Malheureusement, on en a déjà. 6. Malheureusement, on en a déjà une.

h) 1. nous pourrions, dirions, finirions, croirions, viendrions, verrions, mettrions, ouvririons, donnerions, irions, prendrions, perdrions, ferions, saurions, chercherions, connaîtrions, tiendrions, conduirions.
2. ils connaîtront, ouvriront, offriront, iront, pourront, tiendront, mettront, prendront, connaîtront, feront, croiront, verront, voudront, viendront.

i) 1. Pourriez-vous apporter votre projecteur? — Volontiers. 2. Monsieur Mataras décroche: Allô, Yves, c'est toi? 3. Mon frère m'a invité(e) à aller le voir à Paris. 4. Passez-moi Monsieur Mataras, s'il vous plaît. 5. Nous avons sélectionné les meilleures photos et les présenterons à quelques amis. 6. Je te dois toujours un cadeau. 7. Monsieur Touet a fait un voyage en Egypte et en Afrique centrale. 8. Vous n'avez pas de chance. Nous avons déjà une cafetière électrique. 9. Vous aimeriez voir nos diapositives? 10. Qui est à l'appareil? — Monsieur Touet. — Un instant, s'il vous plaît.

## 25

a) 1. Donnez-le-moi. 2. Donnez-la-nous. 3. Donnez-le-nous. 4. Donnez-les-moi. 5. Donnez-les-nous. 6. Donnez-la-nous. 7. Donnez-la-moi. 8. Donnez-les-moi. 9. Donnez-les-nous. 10. Donnez-le-nous.

b) 1. Donne-la-lui. 2. Donne-les-lui. 3. Donne-le-lui. 4. Donne-les-lui. 5. Donne-le-lui. 6. Donne-le-moi. 7. Donne-les-nous. 8. Donne-les-lui. 9. Donne-le-lui. 10. Donne-le-moi.

c) 1. Oui, c'est la nôtre. 2. Oui, c'est le mien. 3. Oui, c'est le mien. 4. Oui, ce sont les miennes. 5. Oui, c'est le nôtre. 6. Oui, c'est la mienne. 7. Oui, c'est le mien. 8. Oui, c'est le nôtre. 9. Oui, c'est la mienne. 10. Oui, c'est le mien.

d) 1. Non, ce n'est pas la nôtre. 2. Non, ce n'est pas le mien. 3. Non, ce n'est pas le mien. 4. Non, ce ne sont pas les miennes. 5. Non, ce n'est pas le nôtre. 6. Non, ce n'est pas la mienne. 7. Non, ce n'est pas le mien. 8. Non, ce n'est pas le nôtre. 9. Non, ce n'est pas la mienne. 10. Non, ce n'est pas le mien.

e) 1. Monsieur Grenelle veut payer. Sa femme lui passe le porte-monnaie. 2. Madame Grenelle montre du doigt un panneau. 3. Les enfants voudraient une glace. Apportez-leur de la glace. — A la vanille ou au chocolat? — Au chocolat, s'il vous plaît. 4. Monsieur Grenelle se précipite dehors. Il a laissé les phares allumés. 5. Monsieur Grenelle conduit sa voiture à la station-service et dit: «Le plein, s'il vous plaît.» 6. Il est grand temps de faire le plein. La jauge d'essence est déjà à zéro. 7. Les enfants, couvrez-vous, il fait froid. 8. C'est mon pull. Donne-le-moi. 9. Fais voir. Marcel a raison. C'est son pull. Donne-le-lui. 10. Les parents boivent leur café avant de reprendre la route.

## 26

a) 1. dont 2. qui 3. qui 4. qui 5. que 6. qui 7. que 8. que 9. dont 10. ce qui 11. que 12. dont 13. ce que 14. qui 15. qui 16. qui 17. qui 18. que 19. qui 20. dont

b) 1. Le jeune homme que j'ai allongé sur le trottoir avait été écrasé par une Simca. 2. La voiture dont j'ai relevé le numéro a écrasé un jeune homme. 3. L'accident que je viens de voir s'est produit rue de Montélimar. 4. Le jeune homme qui a été écrasé avait d'abord habilement évité deux voitures. 5. Les deux voitures que le jeune homme a évitées roulaient à vitesse modérée.

c) 1. C'est une Peugeot qui a écrasé un jeune homme. 2. C'est le procès-verbal que je tape. 3. C'est vous que je cherche. 4. C'est nous qui avons averti la police. 5. C'est l'ambulance qui est venue la première. 6. C'est la police que j'ai avertie. 7. C'est un piéton qui a été écrasé.

d) 1. Je crois avoir vu un accident. 2. Monsieur Valenot vient d'arriver à Paris. 3. Cela peut se vérifier. 4. Le jeune homme a traversé la rue en courant. 5. Le signal des piétons était au rouge. 6. Je crois avoir remarqué des traces de freinage assez longues. 7. La police est venue la première. Puis l'ambulance est venue. 8. J'ai vu le conducteur (re)monter dans sa voiture. 9. Dans la confusion générale, la Peugeot est partie à toute vitesse. 10. L'agent de police à qui il s'est adressé a traversé la rue en courant.

e) Hier, j'étais témoin d'un accident de la route. Un jeune homme a traversé la rue en courant. Il a habilement évité une Simca qui roulait à vitesse modérée; mais une Peugeot qui roulait derrière la Simca l'a heurté par l'aile avant et l'a projeté sur la chaussée. Avec l'aide d'un passant, j'ai allongé le jeune homme sur le trottoir. Au bout de deux minutes, l'ambulance est venue (arrivée). La police est venue plus tard. J'ai fait un rapport sommaire de l'accident. L'agent de police m'a demandé d'écrire un procès-verbal.

## 27

a) 1. dont 2. auxquelles 3. qui (laquelle) 4. qui (lequel) 5. ce que 6. lesquelles, qui 7. dont 8. qui (lesquelles) 9. où 10. que 11. dont, qui 12. qui 13. lesquelles 14. dont

b) 1. Monsieur Touet est un homme agréable avec qui (avec lequel) je travaille volontiers. 2. Mon blazer et mon pantalon constituent un uniforme avec lequel je vais commencer ma carrière au guichet. 3. Mon chemisier est en jersey qui est lavable. 4. J'ai acheté un imperméable qui complète ma garde-robe. 5. Je possède un manteau d'hiver qui a coûté 600 francs.

c) 1. Jacques travaille aussi bien que Jean. 2. Mademoiselle Denieur parle autant que Mademoiselle Touet. 3. Annik parle aussi bien que Paul. 4. Ta robe rouge est aussi élégante que ta robe bleue. 5. La Simca roulait aussi vite que la Peugeot. 6. Jean est aussi grand que Marcel. 7. Monsieur Caracol travaille autant que Monsieur Touet. 8. Marguerite est aussi belle que Christine. 9. Dans les grands magasins, on est aussi libéral en ce qui concerne les vêtements que dans les bureaux. 10. Jacques Denier est aussi intelligent que le nouveau vendeur.

d) 1. Le manteau avec lequel il est allé à Paris a coûté 500 francs. 2. Les coloris doivent correspondre à la dernière mode. 3. Le manteau qui complète ma garde-robe a coûté 460 francs. 4. Est-ce que Mademoiselle Touet a commencé sa carrière au guichet? 5. Pour beaucoup de jeunes filles, la vie active commence au guichet. 6. La Peugeot qui roulait à toute vitesse a écrasé un jeune homme. 7. Dans les banques, on n'est pas très libéral en ce qui concerne les vêtements. 8. Pour le début de ma vie active, je me suis acheté une jupe, deux pulls, un tailleur-pantalon et quatre chemisiers. 9. Est-ce que la veste que vous avez achetée hier est en jersey lavable? 10. Dans les bureaux des grandes maisons industrielles, dans lesquels beaucoup de jeunes hommes commencent leur carrière, on est assez libéral en ce qui concerne les vêtements.

## 28

a) danseuse, gardienne, spectatrice, vendeuse, paysanne, directrice, caissière, auditrice, boulangère

b) jeux, trous, chevaux, cailloux, manteaux, cheveux, bijoux, cous, journaux, genoux, clous

c) 1. Mais il n'est pas Américain. 2. Mais il n'est pas Hollandais. 3. Mais il n'est pas Italien. 4. Mais ils ne sont pas Allemands. 5. Mais il n'est pas Espagnol. 6. Mais ils ne sont pas Belges. 7. Mais ils ne sont pas Danois. 8. Mais il n'est pas Russe. 9. Mais il n'est pas Anglais. 10. Mais ils ne sont pas Français.

d) Italienne, Danoise, Belge, Allemande, Anglaise, Espagnole, Russe, Hollandaise, Américaine, Française

e) 1. Mais elle n'habite pas au Danemark. 2. Mais elles n'habitent pas aux Etats-Unis. 3. Mais elle n'habite pas en Hollande. 4. Mais elle n'habite pas en Russie. 5. Mais elles n'habitent pas en Angleterre. 6. Mais elle n'habite pas en France. 7. Mais elle n'habite pas en Belgique. 8. Mais elle n'habite pas en Espagne. 9. Mais elles n'habitent pas en Allemagne. 10. Mais elle n'habite pas en Italie.

f) 1. Vous parlez français? 2. Vous parlez russe? 3. Vous parlez danois? 4. Vous parlez espagnol? 5. Vous parlez allemand 6. Vous parlez anglais? 7. Vous parlez hollandais?

g) 1. Etes-vous Française? — Non, je suis Belge. 2. La douane allemande est très désagréable. 3. Je ne fais que mon devoir. 4. Avez-vous quelque chose à déclarer? 5. Avez-vous acheté cette valise au Danemark? — Non, je l'ai achetée en Italie. 6. J'ai acheté ces jouets à Rome pour mes enfants. 7. Dans le compartiment se trouvent une directrice de mode et un gros monsieur. 8. Dans le rapide Rome-Paris, le contrôleur demande à voir les billets. 9. Est-ce que je vais rater à Lyon ma correspondance pour Bordeaux? — Oui, car nous avons un retard d'une heure. 10. Ces boîtes contiennent des jouets.

## 29

a) 1. Nous nous sommes rendu(e)s à une exposition. 2. Mademoiselle Drunod a nagé deux heures. 3. Nos voisins ont été étonnés. 4. Jean a eu faim. 5. Marguerite a sauté cinq mètres. 6. Mon frère a été à Marseille. 7. Je me suis rappelé sa proposition. 8. Yves a entendu une voix. 9. Le voyage d'affaires a été agréable. 10. Mademoiselle Drunod est entrée dans l'hôtel. 11. Madame Duriez s'est arrêtée. 12. Le douanier a jeté un coup d'œil sur le contenu. 13. Ma serviette s'est trouvée sur mon bureau. 14. Monsieur Caracol est arrivé à Lyon. 15. La caravane a flotté sur l'eau. 16. Monsieur Drunod a fini l'analyse de marché. 17. Madame Vernier a reçu une lettre. 18. Mon frère a été satisfait. 19. Mon ami s'est rendu à la gare. 20. Nous avons marché plus de deux heures.

b) répéter — je répète — nous répétons — je répéterais — nous répéterions; vouloir — je veux — nous voulons — je voudrais — nous voudrions; acheter — j'achète — nous achetons — j'achèterais — nous achèterions; voir — je vois — nous voyons — je verrais — nous verrions; espérer — j'espère — nous espérons — j'espérerais — nous espérerions; jeter — je jette — nous jetons — je jetterais — nous jetterions; savoir — je sais — nous savons — je saurais — nous saurions; lever — je lève — nous levons — je lèverais — nous lèverions; aller — je vais — nous allons — j'irais — nous irions; mener — je mène — nous menons — je mènerais — nous mènerions; faire — je fais — nous faisons — je ferais — nous ferions; mettre — je mets — nous mettons — je mettrais — nous mettrions; posséder — je possède — nous possédons — je posséderais — nous posséderions; venir — je viens — nous venons — je viendrais — nous viendrions; prendre — je prends — nous prenons — je prendrais — nous prendrions; connaître — je connais — nous connaissons — je connaîtrais — nous connaîtrions; suivre — je suis — nous suivons — je suivrais — nous suivrions.

c) 1. Il s'est déjà rendu à la gare. 2. Elle s'est déjà arrêtée. 3. Il est déjà rentré. 4. Elle a déjà été vendue. 5. Elle est déjà venue. 6. Elles se sont déjà rencontrées. 7. Il est déjà retourné.

d) 1. Il pleut depuis quelques heures et il fait très froid. 2. Il n'est pas facile de faire son choix sans connaître toutes les possibilités. 3. L'année dernière, il faisait souvent très mauvais, surtout en été. 4. Cette caravane semble être assez chère, mais elle est en matière plastique, ce qui est très agréable. 5. Monsieur et Madame Drunod se rendent à une exposition d'articles de camping. Ils ont l'intention d'acheter une caravane. 6. Depuis une heure (Ca fait une heure qu') il neige. Maintenant, j'en ai assez. 7. En automne, il y a eu une inondation. Tous les articles de camping ont flotté sur l'eau. 8. En automne et au printemps, j'aime aller en Italie. En été, il fait trop chaud. 9. Madame Drunod fait la moue. Elle veut rentrer en métro. 10. Monsieur Drunod regarde une caravane en matière plastique.

e)
— Est-ce que vous désirez des renseignements sur cette caravane?
— Oui, s'il vous plaît. Est-ce qu'elle est en matière plastique?
— Oui, en CPV. Elle est très légère et résistante aux intempéries.
C'est pour cette raison que nous accordons une garantie de cinq ans.
C'est vraiment un modèle très intéressant, n'est-ce pas?
— Oui, je m'intéresse beaucoup à ce modèle. Avez-vous des prospectus?
Je veux les montrer à ma femme.
— Bien sûr. Si vous voulez bien vous rendre dans notre bureau là-bas.
— Oui, merci, au revoir.

## 30

**1.** a) jetant, allant, connaissant, disant, ouvrant, faisant, achetant, devenant, craignant, donnant, pouvant, venant, sortant, mettant, étant, répétant, tenant, ayant, voulant, prenant, voyant.

b) que j(e) entende, sois, vienne, prenne, aie, puisse, déclare, cherche, veuille, fasse, aille, rappelle, finisse, ouvre, sorte, attende, sache, mette, prenne, tienne, jette.

c) que vous preniez, trouviez, partiez, ayez, alliez, sachiez, teniez, meniez, sentiez, soyez, entendiez, fassiez, connaissiez, examiniez, répétiez, finissiez, deveniez.

d) je deviens — nous devenons; je crains — nous craignons; je bois — nous buvons; je m'assieds — nous nous asseyons; je jette — nous jetons; je répète — nous répétons; je règne — nous régnons; je vais — nous allons; je fais — nous faisons; je crois — nous croyons; je vois — nous voyons; je veux — nous voulons; je lève — nous levons; je suis — nous suivons; je peux — nous pouvons; je tiens — nous tenons; je sais — nous savons; j'espère — nous espérons.

e) il cherchera — ils chercheront; il croira — ils croiront; il connaîtra — ils connaîtront; il fera — ils feront; il saura — ils sauront; il conduira — ils conduiront; il finira — ils finiront; il dira — ils diront; il prendra — ils prendront; il tiendra — ils tiendront; il voudra — ils voudront; il saura — ils sauront; il mettra — ils mettront; il ouvrira — ils ouvriront; il partira — ils partiront; il recevra — ils recevront; il commandera — ils commanderont; il craindra — ils craindront.

**2.** a) 1. Je doute que la hausse intervienne avant les élections. 2. Je doute que le gouvernement prenne les mesures nécessaires. 3. Je doute que la grève soit continuée. 4. Je doute que les tarifs soient majorés. 5. Je doute que mon frère vienne demain soir. 6. Je doute que Monsieur Duriez quitte la maison. 7. Je doute que Jean Caracol regarde cette émission. 8. Je doute que Monsieur Durand appelle Mademoiselle Vernier. 9. Je doute que les ouvriers reprennent le travail. 10. Je doute que l'agent de police arrête la voiture.

b) 1. Non, mais ils le reprendront la semaine prochaine. 2. Non, mais il les prendra la semaine prochaine. 3. Non, mais ils seront majorés la semaine prochaine. 4. Non, mais il l'appellera la semaine prochaine. 5. Non, mais il le fera la semaine prochaine. 6. Non, mais il l'examinera la semaine prochaine. 7. Non, mais il les paiera la semaine prochaine. 8. Non, mais elle l'apportera la semaine prochaine. 9. Non, mais elle les invitera la semaine prochaine. 10. Non, mais il la vendra la semaine prochaine.

**3.** a) 1. Non, je ne l'ai pas apportée. 2. Non, je ne l'ai pas vendue. 3. Non, je ne l'ai pas trouvé. 4. Non, je ne l'ai pas entendue. 5. Non, je ne l'ai pas vu. 6. Non, je ne l'ai pas noté. 7. Non, je ne les ai pas remarquées. 8. Non, je ne l'ai pas arrêtée. 9. Non, je ne les ai pas invités. 10. Non, je ne l'ai pas reçue.

b) 1. Oui, elle la lui a racontée. 2. Oui, il la leur a promise. 3. Oui, il les lui a présentées. 4. Oui, il les lui a promis. 5. Oui, il le lui a donné. 6. Oui, il les lui a rappelés. 7. Oui, elle la leur a montrée. 8. Oui, elle les leur a donnés.

c) 1. Non, elle ne la lui a pas racontée. 2. Non, il ne la leur a pas promise. 3. Non, il ne les lui a pas présentées. 4. Non, il ne les lui a pas promis. 5. Non, il ne le lui a pas donné. 6. Non, il ne les lui a pas rappelés. 7. Non, elle ne la leur a pas montrée. 8. Non, elle ne les leur a pas donnés.

d) 1. Donnez-les-lui. 2. Donnez-le-lui. 3. Donnez-le-lui. 4. Donnez-le-lui. 5. Donnez-la-lui. 6. Donnez-les-lui. 7. Donnez-le-lui. 8. Donnez-les-lui. 9. Donnez-le-moi. 10. Donnez-le-lui.

**4.** a) 1. que 2. qui (lesquels) 3. que 4. dont 5. ce qui 6. que 7. dont 8. qui (laquelle) 9. dont 10. lesquels

b) 1. Oui, c'est la mienne. 2. Oui, c'est le mien. 3. Oui, c'est la nôtre. 4. Oui, c'est la nôtre. 5. Oui, c'est le mien. 6. Oui, ce sont les nôtres. 7. Oui, ce sont les miennes. 8. Oui, c'est la mienne. 9. Oui, ce sont les nôtres. 10. Oui, c'est le nôtre. 11. Oui, c'est le mien. 12. Oui, ce sont les nôtres. 13. Oui, ce sont les miens. 14. Oui, c'est le nôtre.

**5.** a) auditrice, vendeuse, boulangère, gardienne, paysanne, spectatrice, Danoise, Allemande, Belge, Américaine, Hollandaise, Française, Russe.

b) chevaux, genoux, manteaux, journaux, écoles, cailloux, cigarettes, clous, jeux.

c) bleue, allemande, complète, élégante, blanche, fraîche, certaine, vive, nationale, italienne, jolie, grande, objective, dernière, américaine, chère, grosse, russe, parisienne, bonne, nerveuse, rouge, anglaise, allemande, active, légère, commerciale.

d) bons, commerciaux, actifs, élégants, nerveux, bleus, rouges, gros, italiens, chers, jolis.

e) 1. Alors, vous parlez russe? 2. Alors, vous parlez allemand? 3. Alors, vous parlez danois? 4. Alors vous parlez anglais (américain)? 5. Alors, vous parlez anglais? 6. Alors, vous parlez italien? 7. Alors, vous parlez hollandais? 8. Alors, vous parlez espagnol?

**6.** a) 1. Da eine Störung einen großen Teil Frankreichs überquert, wird das Wetter vom Aquitanischen Becken bis zu den Alpen kühl. 2. Bitte schicken Sie mir Prospekte, damit ich den Aufenthalt planen kann. 3. Ich bin vor einer Woche in Paris eingetroffen. 4. Meine Frau kommt eben aus Lyon. 5. Mein Bruder ist im Frühling weggefahren (abgereist). 6. Das Haus kostet dreihunderttausend Francs ohne Garage.

b) 1. Le temps sera plus chaud, le ciel restant couvert. 2. Veuillez m'envoyer des prospectus, de sorte que je puisse organiser notre séjour. 3. Nous vous accordons (accorderons) une réduction de 10 %, bien que (quoique) vous ne restiez que 6 semaines. 4. Je suis prêt(e) à rester 8 semaines, à condition que vous me fassiez un prix spécial. 5. Mon frère m'a invité(e) à aller le voir à Paris. Je dois y aller le week-end. 6. Monsieur Grenelle conduit la voiture au parking et tous descendent. 7. L'agent de police à qui (auquel) je me suis adressé m'a assuré qu'on attendait l'ambulance à l'instant même. 8. Dans les bureaux des grandes banques, on est en général très traditionnel. 9. Le contrôleur consulte l'indicateur des trains et il dit à la directrice qu'elle ne ratera pas le train pour Bordeaux. 10. Cette caravane en CPV est très légère et résistante aux intempéries.

## 31

a) il eut, céda, fondit, finit, fut, mit, donna, sortit, quitta, reçut, fit, visita, attendit, prit, partit.

b) ils organisèrent, prêtèrent, furent, partirent, formèrent; prirent, eurent, repoussèrent, démolirent, ramenèrent, mirent, entendirent, firent, reçurent, servirent, provoquèrent.

c) (prêté, constitués): Der erste (revolutionäre Tag) war der „Ballhausschwur", der am 20. Juni 1789 von den Abgeordneten des Dritten Standes geleistet wurde, die illegal als Nationalversammlung konstituiert waren.
(contraire): ... ein revolutionärer Akt, der im Widerspruch zu dem Recht des Königs stand, die Nationalversammlung aufzulösen.
(formée): ... eine Nationalgarde, die aus den bewaffneten Bürgern bestand ...
(devenues): ... die Farben Blau, Weiß, Rot, die bald zum Emblem der französischen Nation wurden.
(surnommée): ... eine Panik, die „die große Angst" genannt wurde, ...
(partie): ... ausgehend von Paris ...
(réunis): Die Bauern, die bewaffnet worden waren, um die imaginären Räuber zurückzuschlagen ...
(dus): ... die Feudalabgaben, die an die Lehensherrn zu entrichten waren.
(inquiète, irritée): ... einer Volksmenge, die wegen des Mangels an Getreide beunruhigt und durch eine Demonstration von Offizieren der Nationalgarde gegen die Nationalversammlung in Versailles aufgebracht war, ...
(soutenue): Die von Lafayetta, einem General der Nationalgarde, unterstützte Volksmenge ...

d) 1. Nous avons décidé de ne pas aller à la mer. 2. Jean commence à ne pas avoir peur. 3. Les Durand se sont décidés à ne pas vendre leur maison. 4. Je crois ne pas avoir ouvert la fenêtre. 5. Monsieur Chassier a décidé de ne pas se rendre à Paris.

e) 1. Louis XVI céda; plus tard, il décida, cependant, de faire venir des troupes près de Paris. 2. Le peuple prit la Bastille et la démolit. Les conséquences étaient imprévues. 3. La garde nationale considérait les couleurs bleu, blanc, rouge comme emblème de la nation française. 4. Les paysans voulaient repousser les brigands imaginaires. Puis, ils se tournèrent contre les châteaux et se mirent à détruire les registres féodaux. 5. La dernièrer journée révolutionnaire fut l'œuvre d'une foule à Paris. 6. Le peuple était inquiet et irrité. 7. La foule marcha sur Versailles et ramena le roi et sa famille à Paris.

## 32

a) 1. tu t'enfonces, il s'enfonce, nous nous enfonçons, vous vous enfoncez, ils s'enfoncent 2. tu t'enfermes, il s'enferme, nous nous enfermons, vous vous enfermez, ils s'enferment 3. tu te sers, il se sert, nous nous servons, vous vous servez, ils se servent.

b) 1. Je me suis enfoncé(e), tu t'es enfoncé(e), il s'est enfoncé, elle s'est enfoncée, nous nous sommes enfoncé(e)s, vous vous êtes enfoncé(e, s). ils se sont enfoncés, elles se sont enfoncées 2. Je me suis enfermé(e), tu t'es enfermé(e), il s'est enfermé, elle s'est enfermée, nous nous sommes enfermé(e)s, vous vous êtes enfermé(e, s), ils se sont enfermés, elles se sont enfermées 3. Je me suis servi(e), tu t'es servi(e), il s'est servi, elle s'est servie, nous nous sommes servi(e)s, vous vous êtes servi(e, s), ils se sont servis, elles se sont servies

c) 1. Je me suis efforcé(e) de résoudre ce problème de géométrie. 2. Christine n'a pas bougé. 3. Jean s'est levé à six heures. 4. Madame Duriez s'est réveillée à neuf heures. 5. Les tarifs ont augmenté de nouveau. 6. L'agent de police a arrêté la voiture. 7. Jacques s'est souvenu de notre promenade. 8. Je me suis douté de l'intention du conducteur. 9. Les vacances se sont terminées. 10. Yves Durand a enfoncé la porte.

d) 1. Monsieur Durand, vous avez beaucoup changé. 2. Jean ne bouge pas. 3. Parlez haut, je n'ai pas compris. 4. Quel âge avez-vous? — J'ai 36 ans. 5. Jetez un coup d'œil par la fenêtre. Est-ce que vous voyez la voiture rouge? 6. De temps à autre je jette un coup d'œil par la fenêtre. 7. Il faut de la patience pour résoudre un problème de géométrie. 8. Mademoiselle Drunod aligne des chiffres sur le tableau noir. 9. Marcel est un élève dissipé. 10. Monsieur Durand se sert du compas et de la règle. Il regarde les chiffres sur le tableau noir.

## 33

a) (Wenn nichts vermerkt ist, dann entspricht die deutsche Konstruktion in Bezug auf den Infinitiv-Anschluß der französischen Konstruktion.) 1. Hans soll kommen. 2. Ich lasse meinen Bruder kommen. 3. Sie läßt die Kinder kommen. 4. Ich kann nicht kommen. 5. Er spricht französisch. 6. Wir wollen wegfahren. 7. Ich werde mich beeilen. 8. Sprechen Sie gerne über Politik? 9. Ich höre jemanden sprechen. 10. Er glaubt, eine Stimme gehört zu haben. (Unterschied!) 11. Ich bleibe lieber. 12. Wir gedenken, morgen abzureisen. (Unterschied!) 13. Yves beschließt, zu bleiben. 14. Ich werde versuchen, mich zu beeilen. 15. Er erlaubt uns, zu bleiben. 16. Ich schlage Ihnen vor, französisch zu sprechen. 17. Er bedauert, geblieben zu sein. 18. Hans vergißt, wegzufahren. 19. Ich erinnere mich, ihn gesehen zu haben. 20. Ich beginne zu begreifen. 21. Er hat sich entschlossen, abzureisen. 22. Er lädt euch ein zu bleiben. 23. Sie machten sich daran, Zahlen aneinanderzureihen. 24. Die Kreide dient zum Schreiben.

b) 1. d' 2. à 3. —, — 4. d' 5. d' 6. — 7. à 8. à 9. — 10. —, de

c) 1. N'importe quand. 2. N'importe qui. 3. N'importe quoi. 4. N'importe comment. 5. N'importe où.

d) 1. Il permet de parler politique. Il commence à parler politique. Il propose de parler politique. Il aime parler politique. Il se met à parler politique. Il va parler politique. Il préfère parler politique. Il décide de parler politique. Il essaie de parler politique.
2. J'ai pu rester. Je me suis décidé(e) à rester. J'ai voulu rester. J'ai préféré rester. J'ai décidé de rester. J'ai pensé rester. J'ai essayé de rester.

e) 1. Fermez les yeux. 2. Monsieur Müller, je désire que vous fassiez venir les Duriez. 3. Chut! J'entends parler quelqu'un. Je préfère quitter la chambre. 4. Je vais essayer de trouver Monsieur Durand. 5. Avez-vous oublié d'écrire à Mademe Chassier? 6. Je pense vendre ma maison. 7. Nous vous proposons d'acheter la voiture. 8. Voulez-vous parler français? 9. Jean s'est décidé à acheter le livre. 10. Je me souviens d'avoir rencontré Monsieur Müller à Paris.

f) Les deux amis s'étreignent. Ils se regardent longuement. Puis ils se dirigent vers la villa. Ils traversent la rue en cinq enjambées. Puis ils entrent dans la maison et vont dans la chambre de Rodrigue. Il y a un reste de whisky dans l'armoire. Ils boivent le whisky. Puis ils quittent la villa pour vendre l'Huma. Lamballe accompagne Rodrique qui frissonne dans le vent froid.

## 34

a) (Nachstehende Übersetzung ist ein Vorschlag. Natürlich gibt es auch andere richtige Übersetzungsmöglichkeiten.)

**Die Wirtschaft Frankreichs**

Die Industrie ist heute der vorherrschende Wirtschaftszweig, in dem zwei Fünftel der erwerbstätigen Bevölkerung beschäftigt sind, und der über die Hälfte des französischen Bruttosozialprodukts erbringt. Sie ist in struktureller Hinsicht gekennzeichnet durch das Vorherrschen kleiner und mittlerer Betriebe. In geographischer Hinsicht ist die Industrie zu sehr in einigen wenigen Gebieten konzentriert, in denen aufgrund der langen Tradition einer umfangreichen Handels- und Industrietätigkeit eine große Bevölkerungsdichte herrscht. Die Industrieproduktion zeichnet sich durch große Vielfalt aus.
In der Landwirtschaft herrscht die Selbstbewirtschaftung vor. Trotz des Rückgangs der in der Landwirtschaft tätigen Bevölkerung (weniger als ein Fünftel der erwerbstätigen Bevölkerung) und trotz ihres relativ geringen Anteils am Bruttosozialprodukt (weniger als ein Zehntel), besitzt die Landwirtschaft immer noch große Bedeutung. In Frankreich wird viel Getreide, besonders Weizen (Beauce, Picardie, Ost-Bretagne) und Wein (Languedoc, Burgund, Bordelais, Champagne usw.) angebaut.
Obwohl die französische Wirtschaft gegenwärtig floriert, gibt es für sie zahlreiche Probleme, insbesondere im Zuge der schrittweisen Integration in den Gemeinsamen Markt. In der Landwirtschaft sind die Produktivität und Wettbewerbsfähigkeit trotz der Entwicklung der Motorisierung (1 Million Traktoren) und der Mechanisierung ungenügend. In der Industrie stehen sich moderne Bereiche und Industriezweige mit vorwiegend handwerklichen Betrieben gegenüber, die häufig mit der Abschaffung der schützenden Zollschranken zum Sterben verurteilt sind. Schließlich entspricht das Transportwesen nicht immer den modernen Lebensbedingungen. Zwar sind die Hafen- und Eisenbahnanlagen zufriedenstellend; das Straßennetz ist jedoch unzureichend (zu wenig Autobahnen), ebenso die Wasserstraßen, die oft veraltet sind. Das innerfranzösische Flugnetz befindet sich in ständigem Ausbau.

b) 1. prépondérante: Adjektiv; occupant: Verb; fournissant: Verb; importante: Adjektiv; satisfaisant: Adjektiv.

2. occupant: relativ; fournissant: relativ.

c) L'industrie française occupe les deux cinquièmes de la population de la France. Elle est caractérisée par beaucoup de petites et moyennes entreprises. L'agriculture de la France occupe moins du cinquième de la population du pays. Malgré la relativement faible contribution au produit national (moins du dixième), l'agriculture française est très importante. Elle est encore insuffisamment productive et compétitive. Les transports français ne sont pas toujours adaptés aux conditions de la vie moderne. Il y a surtout trop peu d'autoroutes.

## 35

**1.** a) il sortit, alla, fit, eut, démolit, fournit, reçut, prit, fut, ouvrit, entendit.

b) Il faut que je tienne, répète, cherche, aille, prenne, dise, fournisse, occupe, ouvre, écoute, parte.

c) je mettrai, dirai, viendrai, porterai, servirai, finirai, pourrai, connaîtrai, irai, commanderai, démolirai.

**2.** a) 1. Non, je ne l'ai pas trouvé. 2. Non, je ne l'ai pas finie. 3. Non, je ne l'ai pas reçue. 4. Non, je ne l'ai pas vendue. 5. Non, je ne l'ai pas vue. 6. Non, je ne les ai pas invités. 7. Non, je ne l'ai pas apporté.

b) 1. Donne-la-moi. 2. Donne-le-moi. 3. Donne-les-moi. 4. Donne-la-moi. 5. Donne-les-moi. 6. Donne-les-moi. 7. Donne-le-moi.

c) 1. Oui, c'est la mienne. 2. Oui, ce sont les miennes. 3. Oui, c'est le mien. 4. Oui, c'est la mienne. 5. Oui, ce sont les miennes. 6. Oui, ce sont les miens. 7. Oui, c'est le mien.

d) 1. Qu'est-ce qu'elle a cherché? 2. Qu'est-ce qu'il a crocheté avec un rossignol? 3. Qui est-ce qu'il a rencontré au restaurant? 4. Quand est-ce qu'il est venu? 5. De quoi est-ce qu'il parle? 6. Pour qui est-ce qu'elle a fait cela? 6. Qu'est-ce qu'elle a allumé?

**3.** a) active, nationale, structurelle, géographique, importante, faible, petite, moyenne, française, orientale, nombreuse, compétitive, ferroviaire, parisienne, continue, aérienne

b) Belge, Danoise, Russe, Anglaise, Espagnole, auditrice, boulangère, paysanne, spectatrice, directrice, gardienne.

c) activement, doucement, fraîchement, vivement, certainement, joliment, légèrement.

### Der Fremde

**4.** Heute ist Mama gestorben. Oder vielleicht gestern, ich weiß es nicht. Ich erhielt aus dem Altersheim ein Telegramm: „Mutter verschieden. Beerdigung morgen. Hochachtungsvoll." Das besagt nichts. Das war vielleicht gestern.
Das Altersheim liegt in Marengo, achtzig Kilometer von Algier entfernt. Ich nehme den Zwei-Uhr-Bus und komme nachmittags dort an. So kann ich die Totenwache halten und bin morgen abend wieder zurück. Ich habe meinen Chef um zwei Tage Urlaub gebeten; mit einer solchen Entschuldigung konnte er ihn mir kaum abschlagen. Aber er machte keinen sehr erfreuten Eindruck. Ich sagte sogar: „Ich kann nichts dafür." Er gab mir keine Antwort. Da dachte ich, daß ich das nicht hätte sagen sollen. Schließlich brauchte ich mich ja nicht zu entschuldigen. Vielmehr hätte er mir sein Beileid aussprechen müssen. Aber er wird das sicher übermorgen tun, wenn er mich in Trauer sieht. Im Augenblick ist es beinahe so, als wäre Mama nicht tot. Nach der Beerdigung aber wird die Angelegenheit erledigt sein, und alles wird einen offiziellen Anstrich bekommen.